Erst kommt die Liebe – dann die Moral

Beate und
Hans herzlich
gewidmet

Gerd und
Ingmar
Liebenberg!
22.6.97

Silvester Beckers

Erst kommt die Liebe – dann die Moral

Predigten

Ein Sonntagslesebuch

Verlag Friedrich Pustet Regensburg

CIP-Titelaufnahme der Deutschen Bibliothek

Beckers, Silvester:
Erst kommt die Liebe – dann die Moral : Predigten ; ein Sonntagslesebuch / Silvester Beckers. – Regensburg : Pustet, 1990
ISBN 3-7917-1238-1

ISBN 3-7917-1238-1

Umschlagmotiv: Christian Rohlfs, Der verlorene Sohn
(© Graph. Sammlung Albertina, Wien)
Umschlaggestaltung: Peter Loeffler, Regensburg
Gesamtherstellung: Friedrich Pustet, Regensburg
Printed in Germany 1990

Inhalt

Vorwort

Dank der Kirche und dem Predigerorden konnte ich seit dreißig Jahren jeden Sonntag die Barmherzigkeit Gottes verkündigen. Das ist mir zur Lebensaufgabe geworden. 1982 habe ich unter dem Titel »Literatur und Verkündigung« für meine Hörer in St. Ägidien in Braunschweig Predigten drucken lassen. Eine Auswahl dieser Predigten erscheint nun in diesem Buch und wird so einem größeren Leserkreis zugänglich gemacht.
1782 erschien das Buch »Literärische Gewissenspredigten, St. Ägidien, Braunschweig«, mit dessen Worten auch ich die Leser ansprechen möchte:
»Ob die Predigten mit dem Beyfalle werden gelesen werden, mit welchem man sie angehöret hat, daran zweifle ich sehr. Bey einer gedruckten Predigt wird man einen jeden Fehler sogleich gewahr; man urtheilet über Ausführung, Gründlichkeit, Ausdruck und andere Eigenschaften einer guten Predigt strenger, und fordert mehr Vollkommenheiten davon, als von einem mündlichen Vortrage, bey welchem man oft über einen guten Anstand, Stärke und Annehmlichkeit der Stimme, und anderer äusserlichen Rednergaben das Fehlerhafte vergißt. ...
Uebrigens wünsche ich, daß diese Predigten mit dem Nutzen mögen gelesen werden, den ich bey der Verfertigung und Haltung derselben zu stiften mir vorgesetzet hatte. Das würde mir mehr seyn, als aller Beyfall, den man mir unverdienter Weise geben sollt.«

Braunschweig, am Fest des Hl. Dominikus 1989
Pater Silvester

Verachtet mir die Prediger nicht

Mk 1,29–30

»Ich will auch dort predigen, denn dazu bin ich gekommen.« Wer war Jesus? Antwort: ein Prediger. So fing er jedenfalls an, daß er zuerst in den Synagogen das Wort ergriff und die Schrift auslegte. Das war seine Haupttätigkeit, das war sein Beruf. Im 1. Brief des hl. Paulus an die Korinther lesen wir: »Ein Zwang liegt auf mir. Wehe mir, wenn ich das Evangelium nicht verkündige.« Wir haben Grund, einmal eine Predigt über die Predigt zu halten. Schon über die Bedeutung der Predigt, über ihren Stellenwert, gehen die Meinungen heute weit auseinander. Manche besuchen die Sonntagsmesse wegen der Predigt, manche besuchen die Messe trotz der Predigt. Mancher Geistliche hält eine hl. Messe mit Predigt, ein anderer eine Predigt mit hl. Messe. Zum Thema Predigt finden wir im 1. Teil des Faust von Goethe eine bemerkenswerte Stelle. Faust hat in der Nacht studiert und heiß gerungen mit sich um den Sinn des Lebens. Er hat den Geist der Erde angerufen. Und eben, da er sich anschickt, mit ihm zu reden, klopft es an die Tür. Faust ist ärgerlich. Mitten in der Nacht wird er gestört. Er weiß, es ist Wagner, sein Famulus, der einfältige Student oder Assistent. Faust nennt ihn »trockenen Schleicher«. Tatsächlich, die Tür geht auf:

»Verzeiht! ich hört euch deklamieren;
Ihr last gewiß ein griechisch Trauerspiel?
In dieser Kunst möcht' ich was profitieren,
Denn heutzutage wirkt das viel.
Ich hab' es öfters rühmen hören:

Ein Komödiant könnt einen Pfarrer lehren.«
(Worauf Faust antwortet:)
»Ja, wenn der Pfarrer ein Komödiant ist;
Wie das denn wohl zuzeiten kommen mag.«

An dieser Stelle möchte man sagen: hier irrte Goethe. Denn nicht nur, wenn der Pfarrer ein Komödiant ist, kann er von einem Komödianten lernen. Der Dominikanerorden, dem ich angehöre, heißt der Orden der Predigerbrüder. Die deutschen Dominikaner waren die ersten, die einen Schauspieler engagierten, um den Studenten, die sich auf den Priesterberuf vorbereiten, Unterricht in Sprechkunde und Artikulation zu geben. Heute ist so ein Sprachlehrer angestellt an allen Priesterseminaren in der Welt, denn es ist wichtig, daß der Prediger wenigstens zunächst akustisch verstanden wird. Als junge Studenten mußten wir erst lernen, wie man richtig atmet. Der Schauspieler praktiziert die Bauchatmung. Der korpulente ehemalige Opernsänger, der uns den Unterricht gab, ließ uns unsere Hand auf den Bauch legen, und wir konnten merken, wie diese Hand auf und ab ging, weil der Mann mit dem Bauch atmete. Er hatte die Unterrichtsstunden auswendig gelernt, wie man eine Rolle auswendig lernt. Er sprach alles in gleichem Rhythmus und Tonfall. So erklärt er auch einmal, daß man natürlich sprechen müsse, um nicht heiser zu werden, denn z. B. die Singvögel würden nicht heiser. Er fragte: »Haben Sie schon einmal einen heiseren Singvogel gehört?« Als ich darauf antwortete: »Nein, aber wohl schon einen Hund, der sich heiser gebellt hat«, fiel er aus der Rolle.
Ein Komödiant könnte einen Pfarrer lehren, aber nicht nur, wenn der Pfarrer ein Komödiant ist. Dennoch hat die Predigt, wenn sie zu sehr auf das Äußere abgestellt wird, etwas Lächerliches. In diesem Sprechunterricht mußten

wir lernen, die Vokale deutlich auszusprechen. So konnte man morgens und abends Leute durch das Kloster brüllen hören: Abraham a Santa Clara. »Allein der Vortrag macht des Redners Glück. Doch spüre ich wohl, ich bin noch weit zurück«, meint Wagner. Faust dagegen erklärt:

»Wenn ihr's nicht fühlt, ihr werdet's nicht erjagen.
Wenn es nicht aus der Seele dringt
Und mit urkräftigem Behagen
Die Herzen aller Hörer zwingt.
Sitzt ihr nur immer! Leimt zusammen,
Braut ein Ragout von andrer Schmaus
Und blast die kümmerlichen Flammen
Aus eurem Aschenhäufchen raus!
Bewundrung von Kindern und Affen,
Wenn euch darnach der Gaumen steht –
Doch werdet ihr nie Herz zu Herzen schaffen,
Wenn es euch nicht von Herzen geht.«

Faust hat richtig erkannt, was die Erfahrung aller Redner ist, die zu überzeugen versuchen, nämlich, daß sie zunächst selber überzeugt sein müssen, daß es ihnen ernst ist, etwas zu sagen. Dann ist die Wortwahl nicht mehr das Entscheidende, dann ist nicht einmal die Artikulation so wichtig. Wer zu sehr auf die äußere Form achtet, mag dadurch imponieren und Bewunderung hervorrufen. Das Entscheidende ist, daß man im Herzen trägt, was man den Menschen vermitteln will.

Es ist unendlich schwer, in der Vorbereitung der Predigt einen Text, der zweitausend Jahre alt ist, so auszulegen, daß seine Bedeutung für den Menschen von heute ihm auch deutlich wird und die Deutung selbst sich so zu eigen zu machen und sich so zu verinnerlichen, daß sie aus dem eigenen Herzen kommend, das Herz der Zuhörer zwingt. Zuvor muß man herausfinden, was in den alten Texten nur zeitbedingt ist und was überzeitlich und darum stets aktuell ist. Von Marie von Ebner-Eschenbach stammt der Aphorismus: »Es hat noch nie jemand geschrieben wie ein Gott, der nicht vorher gelitten hat wie ein Hund.« Ebenso hat noch nie einer gepredigt ...

Der hl. Augustinus war ein großer Prediger. Er erklärte: Eine gute Predigt müsse belehren, den Willen beugen und formen und außerdem erfreuen. Die Predigt müsse belehren, das bedeutet, der Prediger muß einen Informationsvorsprung haben. Das erfordert viele Stunden und manchmal viele Tage mühevoller Arbeit. Nur das gibt die Berechtigung, von Menschen, die viel klüger sind als er, zu erwarten, daß sie zuhören.

Eine Predigt soll den Willen beugen, soll nicht nur den Verstand, sondern auch den Willen, das Gemüt ansprechen, um den Menschen zu Taten und Haltungen zu bewegen. So soll der Zuhörer dazu bewegt werden, aufmerksam und kritisch zuzuhören, dann aber auch anschließend die Predigt zu durchdenken, sie zu diskutieren und gelegentlich auch einmal dem Prediger ein Urteil zu übermitteln. Wie anders soll der Prediger erkennen, was er falsch gemacht hat? Er kann es erkennen am »fortlaufenden Erfolg«, d. h. dadurch, daß die Zuhörer fortlaufen, aber dann ist es zu spät.

Die Predigt soll erfreuen. Alle großen Prediger wußten die Menschen in ihren Bann zu ziehen durch die Schönheit ihrer Sprache und der Vergleiche. Denn Goethe wußte schon: »Es lernt der Mensch im Laufe der Zeit auf manche Lust zu verzichten, doch was ihm bis zuletzt gefällt, sind Bilder und Geschichten.« Der berühmte Barockprediger Abraham a Santa Clara am Kaiserhof in Wien griff einmal die wenig moralischen Hofdamen an, indem er erklärte: »Diese Damen da sind nichts wert. Sie sind nicht wert, daß die kleinen Hündchen ihre Beinchen an ihnen heben und ihr Wasser an ihnen abschlagen.« Große Aufregung: Der Kaiser protestierte und verlangte Entschuldigung und Widerruf. Daraufhin der Prediger am nächsten Sonntag auf der Kanzel: »Dies habe ich erklärt. Ich widerrufe und behaupte darum: Diese Damen sind es wohl wert, daß die Hündchen ihr Wasser an ihnen abschlagen.«

Was aber ist der Sinn der Predigt heute? Ein Wort Jesu bei der Versuchung in der Wüste lautet: »Der Mensch lebt nicht vom Brot allein, sondern von jedem Wort, das aus dem Munde Gottes kommt.« So wie der Mensch davon abhängt, daß er täglich Nahrung zu sich nimmt, so hängt unser Glaube davon ab, daß er stets neu Vergewisserung erfährt, denn durch unser eigenes Leben und das Leben der Mitmenschen ist unser Glaube stets neu gefährdet. Darum muß er immer wieder neu auch von Gott her Vergewisserung erfahren. Auf diese Ernährung, auf diese Stärkung des Glaubens durch die Predigt kommt alles an. Darum ist es nicht unbedingt schlecht, wenn gelegentlich ein Hörer zwar nicht sagen kann, was ihm erklärt worden ist, doch aber meint, diese Predigt habe ihm gefallen. Ermächtigung und Stärkung des Glaubens können auch unterbewußt erfolgen.

Die gute Wirkung einer Predigt ist immer ein Geschenk und eine Gnade. Das Gebet bewirkt Gnade. Es wird oft und oft berechtigterweise Kritik am Prediger geübt. Gewiß wird zu selten für ihn gebetet.

Gewohnheitschrist ist kein Schimpfwort

Mk 1,21–28

Wie hat die Geschichte mit Jesus angefangen? Sie hat damit angefangen, daß er im normalen regulären jüdischen Gottesdienst begann, sein Evangelium zu verkünden. Auch unser alltägliches Christsein beginnt damit, daß wir am Sonntag den regulären Gottesdienst besuchen und dort den Anruf und den Anstoß Gottes empfangen zum christlichen Leben. Davon soll die Rede sein.

Das Evangelium beginnt mit dem Satz: »In Kafarnaum ging Jesus am Sabbat in die Synagoge und lehrte.« Ich habe in den ausgegrabenen Ruinen der Synagoge gestanden, ein Steinwurf vom See Gennesaret entfernt. Ich sah die Steinernen Bänke, auf denen die ersten Zuhörer Jesu gesessen haben. Nicht zufällig war Jesus in einer Synagoge. Auch in Nazaret hielt er seine erste Predigt im Sabbatgottesdienst. Nach dem Lukasevangelium kehrte Jesus nach seiner Taufe im Jordan und der Versuchung in der Wüste Kraft des Geistes nach Galiläa zurück. Und dann heißt es wörtlich: »Er lehrte in den Synagogen. So kam er auch nach Nazaret, wo er aufgewachsen war, und ging, wie gewohnt, am Sabbat in die Synagoge.«

Die Synagogen sind entstanden etwa um die Zeit von 600–500 v. Chr., als das einzige Heiligtum der Juden, der Tempel von Jerusalem, zerstört war und die Juden nach Babylon deportiert waren. Als sie nach Palästina zurückkehrten und den Tempel wieder aufbauten, hielten sie die Synagogen bei. Bald stand in jeder kleinen Stadt ein solches Gebetshaus. Synagoge heißt zu deutsch »Versammlungshaus«. Gottesdienst fand an jedem Sabbat und an jedem Feiertag statt. Er bestand aus Schriftlesung, Predigt und Gebet. Es begann mit dem »Schema«, das der fromme Jude auch am Morgen und am Abend gebetet hat: »Höre Israel, dein Gott ist einer, und außer ihm ist keiner. Und du sollst den Herren, deinen Gott, lieben ...«. Während des Gebetes saßen die Männer im Mittelschiff, die Frauen hinten in einer abgetrennten Abteilung. Die Lesungen wurden stehend angehört. Der Synagogengottesdienst ist das erste Beispiel eines Gottesdienstes ohne Opfer in der Geschichte der Religionen. So finden wir in der Synagoge auch keinen Altar, wohl aber eine Art Tabernakel, das Heilige genannt, einen Schrein, in dem die heiligen Schriften hinter einem Vorhang aufbewahrt wurden. Vorne war eine Bühne, ein hölzernes Podium, auf dem ein Lesepult stand. Links und rechts von diesem Lesepult stand häufig ein siebenarmiger Leuchter. Nach der Lesung, die meistens von dem Synagogenvorsteher vorgetragen wurde, konnte jeder Jude das Wort ergreifen, um die Schrift auszulegen.

Die Bedeutung der Synagoge kann gar nicht hoch genug eingeschätzt werden. Die Juden haben als geschlossenes Volk wie kein anderes die Zeiten überlebt, weil sie ihre eigene religiöse Überzeugung hatten. Und sie hatten diesen Glauben, weil sie den Synagogengottesdienst hatten. Hier war die Stätte der religiösen Bildung, hier wurden die Kinder in den Grundlagen des Glaubens unterrichtet. Am Synagogengottesdienst sollten mindestens zehn Personen teilnehmen. Damit aber der Gottesdienst gesichert war, verpflichtete man zehn Arbeitslose, regelmäßig an jedem Gottesdienst teilzunehmen. Das war notwendig, weil es trotz einer Vielzahl von Geboten nie ein Gebot gegeben hat, welches

den Besuch des Gottesdienstes vorschreibt. Und doch gingen die frommen Juden aus Gewohnheit zum Gottesdienst.
Viele Christen sind Gewohnheitschristen. Sie gehen weniger aus Überzeugung, als aus Gewohnheit sonntags zur hl. Messe. Fragt man warum, wissen die wenigsten darauf eine Antwort. Eine Gewohnheit wird zur dummen Angewohnheit. Manche denken, Gewohnheiten, Traditionen, Konventionen sind Fesseln, die den Lebensspielraum einengen. Der junge moderne Mensch zeichnet sich dadurch aus, daß er aus freier Entscheidung heraus handelt und nicht stereotype Einstellungen und Standpunkte vertritt. Er ist flexibel in seiner Auffassung und seinem Lebensstil. Er hält es für schlimm, daß kirchentreue Katholiken oft gar nicht wissen, in welchem Ausmaße sie gebunden sind. Selbstverständlichkeiten und Gewohnheiten werden einem gewöhnlich gar nicht bewußt.
Aber so modern und fortschrittlich die negative Beurteilung der Gewohnheit zu sein scheint, so einseitig und falsch ist sie auch. Die moderne Anthropologie versteht Gewohnheitsbildung in der Regel als Entlastung. Was ist damit gemeint?
Wer oft am Steuer seines Autos sitzt, fürchtet die Sonntagsfahrer. Das sind Leute, die nur sonntags ihr Auto benutzen und darum keine Übung haben. Sie fallen dadurch auf, daß sie den fließenden Verkehr stören und hemmen. Sie müssen nämlich dauernd überlegen, was sie tun müssen, beim Anfahren, beim Bremsen. Jede Tätigkeit erfordert eine Überlegung, einen Willensentschluß. Das braucht Zeit und es strengt an. Man kann es Fahrschülern und Anfängern ansehen, wie angestrengt, wie konzentriert sie oft am Steuer sitzen. Wer aber häufig und gewohnheitsmäßig Auto fährt, der bremst und schaltet automatisch, mechanisch. Der Handlungsablauf hinter dem

Steuer ist eingeübt, programmiert und braucht darum ein Minimum an Energie und Kontrolle. Dadurch fährt man zügig, bequem und reaktionsschnell. Man ist frei, um auf plötzlich auftretende Gefahren schnell und richtig zu reagieren. So wird die entlastende Funktion der Gewohnheit deutlich.

Gefährliche Situationen gibt es nicht nur im Straßenverkehr. In der Sonntagsmesse werden durch Liturgie und Predigt immer wieder bestimmte, lebenswichtige Gedankenverbindungen und Verhaltensmodelle vorgestellt. Durch die ständige Wiederholung prägen sie sich ein, werden sie unbewußt übernommen. Sie werden verinnerlicht und gefestigt zur Gewohnheit. Durch sie ist der Christ dann fähig, prekäre Umstände und kritische Situationen seines Lebens denkerisch und gefühlsmäßig einzuordnen und zu bestehen.

Der Glaube des jüdischen Volkes ist ohne den Synagogengottesdienst nicht zu erklären. Der Glaube der Christenheit ist ohne die Feier der Eucharistie nicht zu verstehen. Im Judentum gab es nie ein Gebot, das zum Besuch des Gottesdienstes verpflichtet. Es war die Gewohnheit, die die Menschen in die Synagoge führte. In unserer Zeit wird das Gebot der Sonntagsmesse nicht mehr ernst genommen. Wir können froh sein, wenn wir diese Gewohnheit haben, die unserem Leben als Christen inneren Halt verleiht.

An vergänglichen Dingen hängen, aber nicht kleben

Mk 1,14–20

Jesu öffentliche Geschichte fing damit an, daß der Wanderprediger Jünger um sich scharte. Das war nichts Ungewöhnliches, daß jüdische Rabbiner Schüler hatten, mit denen sie in einer Lebensgemeinschaft zusammenlebten. Auch Johannes der Täufer verfügte über Jünger. Aber es war doch immer so, daß die Schüler sich den Meister aussuchten, daß sie sich ihm anschlossen. Das war bei Jesus anders. Er wählte sich seine Leute aus. Die er anrief, folgten ihm auch. Auf dieses plötzliche Folgen hat der Evangelist Markus seinen Akzent gelegt.

Simon Petrus und sein Bruder Johannes sind von Beruf Fischer. Sie sind gerade dabei, von ihrem Boot aus die Netze in das Wasser zu werfen. Dann heißt es: »Sogleich ließen sie ihre Netze liegen und folgten ihm.« Sogleich, sofort, im selben Augenblick folgen sie ihm. Kein wenn und aber, keine Überlegung, kein Zögern. Sie ließen sich nicht einmal die Zeit, die Netze nach Hause zu tragen. Das ist zumindest ungewöhnlich. Wenn heute einer an der Klosterpforte sagt, er wolle den Prior sprechen und dem dann erklärt: »Ich möchte Dominikaner werden, ich will morgen ewige Gelübde ablegen, auf daß ich mein ganzes Leben dem Kloster und dem Herrgott weihe«, dem wird man mit Hochachtung sagen, das sei ein großartiger Entschluß, aber das sei nicht klug. Es sei auch nicht erlaubt. In unserem Orden ist es so, daß man wenigstens ein Jahr Noviziat und drei Jahre zeitliche Gelübde, d. h. vier Jahre warten muß, um sich zu prüfen, ob man in den Orden paßt und das Kloster prüft, ob der Betreffende in die Gemeinschaft sich einfügt. Die Radikalität der Berufung ist im Falle des Jakobus und Johannes noch größer. Es heißt wörtlich: »Auch sie saßen im Boot.« Sie waren nicht beim Fischen, aber waren mit Vorarbeiten beschäftigt. Sie richteten die Netze her. Aber die beiden waren nicht allein. Ihr Vater Zebedäus und seine Tagelöhner saßen mit ihnen im Boot. Und diese ließen sie im Boot zurück und folgten Jesus nach. Als ob das nichts wäre, die gemeinsame Arbeit zu beenden, ohne das Familienoberhaupt zu fragen, ohne Abschied. Wie läßt sich solches Verhalten erklären? Wie läßt es sich überhaupt moralisch rechtfertigen?

Wir wissen aus den Berichten des Evangeliums, daß die Erscheinung und Stimme Jesu, daß seine Persönlichkeit einen mächtigen Eindruck auf seine Mitmenschen machte. Es war etwas wie eine hypnotisierende, bezwingende Kraft, die von ihm ausging. Davon abgesehen liegt auch im Inhalt der Predigt Jesu etwas Dringendes und Drängendes, das zum Entschluß und zur Entscheidung führt. Die Predigt nämlich beginnt mit dem Satz: »Die Zeit ist erfüllt, das Reich Gottes ist nahe.« Das heißt: jetzt ist ein besonderer Augenblick der Gnade, ein Augenblick, den man nicht versäumen darf, eine Chance, die nicht verpaßt werden darf, weil sie nicht wiederkommt. Da war keine Möglichkeit lange zu überlegen. Auf den Anruf hin muß gefolgt werden. Ein zweiter Anruf wird nicht mehr kommen. Das haben die Jünger verstanden, darum sind sie ihm stehenden Fußes gefolgt.

Auch in unserem Leben gibt es solche Anrufe Gottes, solche Einsprechungen des Heiligen Geistes, die man hören, denen man folgen muß, weil sie als eine Chance nicht wiederkehren. Aber oft ist es schwer, einem solchen Anruf zu folgen.

Hier führt uns die Lesung aus dem Brief des hl. Paulus an die Korinther weiter. »Brüder, ich sage euch, die Zeit ist kurz.« Was dem Anruf Gottes an uns, was der Berufung zum christlichen Leben jenen drängenden Charakter gibt, das ist die Zeit. Die Zeit läuft ab. Je älter der Mensch wird, um so schneller vergeht ihm die Zeit, die Zeit, die uns an das Ende des Lebens führt und die an diesem Ende trennt von allem, was wir haben und besitzen. Das ist nicht leicht zu ertragen und darum vergessen und verdrängen wir es. Deshalb mahnt uns der hl. Paulus: »Ich sage euch, Brüder, die Zeit ist kurz. Die Gestalt dieser Welt vergeht.« Paulus will uns nicht nahelegen, auf die Ehe zu verzichten, darauf zu verzichten, Güter dieser Erde zu erwerben und zu besitzen. Er will uns nur im Hinblick auf das Ende unseres Lebens mahnen, nicht an den Dingen dieser Erde zu kleben und solchermaßen eine Distanz und eine innere Freiheit uns zu bewahren.
Ich las vor vielen Jahren den Roman von Artur Koestler »Gottes Thron steht leer«. Darin erzählt er von sich als jungem, ideal gesonnenem Kommunisten, daß er ein bürgerliches Mädchen liebte und daß sie heiß miteinander stritten, weil das Mädchen seinen Idealismus nicht verstand. Eines Nachts, als sie wieder einmal heftig diskutierten, sprang er auf, nahm sein kleines Radiogerät, den kostbarsten Teil seiner Zimmereinrichtung und warf ihn mit Wucht gegen die Wand und erklärte dann: »Das ist der Unterschied zwischen mir und dir. Wir beide hängen an einem solchen Radiogerät. Aber ich klebe nicht daran. Ich kann mich davon trennen jeden Augenblick und ohne Reue.«
Auf diese Freiheit gegenüber den Dingen dieser Welt hat es Paulus angelegt. Erst wenn wir zwischen uns und dem, was wir auf Erden lieben, eine gewisse Distanz bewahren, sind wir frei, dem Anruf Gottes zu folgen auch dann,

wenn es bedeutet, uns von vielem, was wir lieben, zu trennen. Wir müssen durch den Vollzug unseres Lebens lernen, Distanz zu den Dingen zu bewahren, denn es kommt der Augenblick, wo wir uns ganz von ihnen trennen müssen. Dann ist es die Frage, wie wir diesen Augenblick bestehen, in dem Gott uns aus dieser Welt zu sich rufen wird.

Erst kommt die Liebe und dann die Moral

Mk 16,13–20

Wenn Sie im Urlaub alte Kirchen besichtigen, Kathedralen oder Klosterkirchen, dann werden Sie immer wieder dem Bild von zwei überkreuzliegenden Schlüsseln begegnen. Sie sehen es auf Beichtstühlen und auf Wappen der Äbte und Bischöfe. Auch die Päpste trugen auf ihren Wappen neben der dreifachen Krone die beiden großen Schlüssel. Es gibt kaum ein Wort des Evangeliums, das für das Selbstverständnis der katholischen Kirche von größerer Bedeutung geworden ist als dieses Wort: »Dir will ich die Schlüssel des Himmelreiches geben.«

Schlüsselübergabe bedeutet Übergabe von Amt und Vollmacht. Schlüsselgewalt, Binde- und Lösegewalt der Kirche bedeuten die Vollmacht, im Namen Jesu Christi Gottes Gebote verbindlich auszulegen und von Schuld und Sünde loszusprechen. So symbolisieren die zwei großen Schlüssel den denkbar höchsten Machtanspruch der Kirche. Dieser Anspruch stößt heute mehr und mehr auf Unverständnis und ärgerliche Ablehnung.

In unserem Studentenheim, in dem ich mit 150 Studentinnen und Studenten wohne, ist wöchentlich ein Barabend. Da steht man an der Theke und diskutiert bei einem Glas Bier bis tief in die Nacht. Dabei erklärte mir einmal ein katholischer Student in leutseliger Stimmung: »Wissen Sie, als Mensch finde ich Sie ja gar nicht so schlecht. Daß Sie Priester sind, kann ich nicht verstehen, ist mir aber auch gleichgültig. Und offen gestanden: die ganze Kirche ist mir scheißegal. Ich studiere Maschinenbau im 8. Semester, bin Autofahrer, Spiegelleser, gesund und ohne Vorstrafen. Ich sehe keine Veranlassung, mich für die Kirche zu interessieren. Wo sitzt denn bei mir die Not, die eine Kirche notwendig macht?«

Was der eine Student hier sagt, das denken heute viele Menschen. Greifen wir darum die Frage auf. Wo sitzt denn diese Not bei den normalen Bürgern unserer Wohlstandsgesellschaft?

Da müssen wir nun freilich genauer hinsehen, um zu erkennen, wie es denn eigentlich steht um den Normalmenschen, den Durchschnittsbürger, der offensichtlich so gut zu Rande kommt ohne Gott und ohne Kirche. Lassen wir uns die Augen öffnen von einem Dichter unserer Zeit. Denn das haben die Dichter mit den Propheten gemeinsam, daß sie den Durchblick haben durch die Oberfläche der Erscheinungen.

In einer Nummer des »Spiegel« stand ein Aufsatz mit dem Titel: »Das Öl des Weltmeisters«. Darin beschreibt der geniale Peter Handke den österreichischen Autorennfahrer Niki Lauda und in einem Satz die Zuschauer beim Autorennen am Nürburgring. Seine sarkastische Beschreibung ist ebenso gültig für die Zuschauer beim Fußballspiel in unserem Eintrachtstadion in Braunschweig und anderswo. Ich zitiere den Satz:

»200 000 tragisch-wesenlose, nicht einmal gerichtsbekannte Bierbäuche ohne Lebensgeschichte und Frauen, mit über der Leere ihres Lebens verschlossenen Gesichtern, als seien sie alle gerade von einer Strafexpedition zurückgekehrt ...« Das ist natürlich übertrieben, typisch Handke – Publikumsbeschimpfung, Rede im Zorn. Und doch legt er eine Wahrheit offen. Handke wundert sich darüber, daß für immer mehr Menschen in der westlichen Welt der Sinn des Lebens nicht mehr von der Religion vermittelt werde, sondern von der »Vorstellung, ein

›guter Autofahrer‹ zu sein«. »Das Bewußtsein, über die Technik und ihre Sprache zu verfügen, nicht mehr sich als jemand albern Persönliches, Einmaligen offenbaren zu müssen, gibt dem einzelnen eine erlöste Sachlichkeit.« In der »seligmachenden Weltgemeinschaft der Techniker« fühle sich der Mensch heute geborgen, gerettet. »Jeder kennt Leute, die, wenn es ihnen am Morgen geglückt ist, soundso viele Autos zu überholen, wenigstens bis Mittag an der eigenen Existenzberechtigung nicht mehr zweifeln.«

Keine Frage, Handke spricht von Menschen wie Du und Ich, denen jener Schlüssel des Himmelreiches abhanden gekommen ist. Er spricht von Geborgenheit, Erlöstsein, Gerettetsein, seligmachender Gemeinschaft und verweist damit auf jene Dimension der Ewigkeit, die uns ein lebendiger Glaube erschließt. Handke spricht von Zweifel an unserer Existenzberechtigung.

Jeder empfindet mehr oder weniger deutlich, daß er nicht glücklich ist, wenn er versucht, verantwortungslos in den Tag hineinzuleben. Jeder von uns spürt dumpf, daß er etwas aus seinem Leben machen muß, daß er vor sich und seinen Mitmenschen seine Existenzberechtigung nachweisen muß. Wem aber Gott und Glaube fremd geworden sind, dem bleibt als einzige Möglichkeit, sich selber zu rechtfertigen, sich ein Ansehen, sich einen Wert zu verschaffen, die eigene Leistung. So sind wir gezwungen, pausenlos etwas zu leisten oder wenigstens zu leisten vorzugeben.

Das Wort von der unbarmherzigen Leistungsgesellschaft, in der wir leben, ist mehr als ein linkes Schlagwort. Dieser Zwang, etwas zu leisten, zusammen mit dem Gefühl, durch die eigenen Leistungen doch niemals den Sinn unseres Lebens zu erfüllen, das liegt wie ein düsterer Schatten über unserem Leben. Wir möchten entspannt, gelassen, heiter den Tag leben, aber das will uns nicht gelingen. Gleichen wir alle nicht zuweilen jenen Leuten am Nürburgring »mit über der Leere ihres Lebens verschlossenen Gesichtern, als seien sie gerade von einer Strafexpedition zurückgekehrt«?

Dieser Streß und Leistungszwang, dieses Manko an Lebenssinn, wird von uns allen als innere Unfreiheit empfunden, besonders aber von den jungen, kritischen Menschen. Ihnen genügt es nicht, ein »guter Autofahrer« zu sein. Sie versuchen, aus der Leistungsgesellschaft auszusteigen durch Alkohol, durch Rauschgift, durch die große Verweigerung à la Marcuse oder durch Selbstmord. So strebt man nach Freiheit und Befreiung. Das Grundgesetz unseres Zeitalters lautet: es kommt auf die Leistung an. Die Grundwahrheit aber des Evangeliums lautet: Es kommt nicht in erster Linie auf die Leistung an. Die Botschaft von Jesus Christus läßt sich zusammenfassen in dem einzigen Satz, den er selber einmal sprach: Der Vater im Himmel hat euch lieb.

Auf unsere Situation angewendet bedeutet das aber: Laßt euch nicht weiter suggerieren, daß ihr allein durch Leistung wertvoll werdet. Ihr seid nicht wertvoll, wenn und sofern ihr etwas leistet, sondern weil Gott euch liebt. Gottes Liebe ist schöpferisch, an keine Voraussetzung gebunden. Darum: der Vater im Himmel hat euch lieb so wie ihr seid, mit euren Leistungen, mit euren Fehlleistungen. Damit ist nicht gesagt, daß es gleichgültig ist, ob wir etwas aus unserem Leben machen oder nicht. Aber es hängt von all dem, was wir tun, unser letzter Wert nicht ab. Der ist immer schon vorgegeben. Im 1. Johannes-Brief lesen wir: »Darin eben liegt die Liebe. Nicht daß wir Gott geliebt haben, sondern daß er uns zuvor geliebt hat.« Darum brauchen wir gar nicht mehr pausenlos und doch immer vergeblich unsere Existenzberechtigung nachzuweisen.

Wir sind von Gott angenommen, bejaht und geliebt. Und in der Liebe Gottes ist unser bleibender Wert begründet.

Freilich, das klingt in unseren Ohren wie himmlische Musik, die zu schön ist, um wahr zu sein. Und mit Faust möchten wir sagen:

»Die Botschaft hör ich wohl,
Allein, mir fehlt der Glaube.«

Tatsächlich können wir das gar nicht so direkt glauben und annehmen, daß Gott uns liebt so wie wir sind. Zutiefst bleiben wir überzeugt, daß wir durch Leistung uns rechtfertigen müssen und immer hinter dem Anspruch unseres Menschseins zurückbleiben. Ob wir es zugeben oder nicht, wir haben ein schlechtes Gewissen und auch Grund dazu. Darum müssen wir die Botschaft von der Liebe Gottes zuerst und vor allem hören in der Form der Vergebung. Und diese Botschaft lautet: Darum ist Gottes Sohn Mensch geworden und darum am Kreuz gestorben, daß er unsere Schuld auf sich nehme und wir frei ausgehen. Und wir hören es bei der Wandlung noch einmal: »Das ist mein Blut, das für euch und für alle vergossen wird zur Vergebung der Sünden.« Und Christus sagt: »Seid nicht ängstlich besorgt, euer Herz verzage nicht. Im Hause meines Vaters sind viele Wohnungen.«

Nachlaß, Vergebung und Verzeihung gewährt uns der barmherzige Gott. Aber täglich neu erfahren wir uns als Menschen, die versagen. Täglich neu wird der Zweifel an uns selber wieder wach. Damit die innere Unsicherheit nicht doch wieder Herr über uns werde, müssen wir das immer wieder hören, daß wir versöhnt und gerechtfertigt sind. Wir müssen das hören, glaubwürdig unter Zeugen, in der Gemeinschaft mit anderen, wenn es offiziell verkündet wird. Das aber geschieht im Gottesdienst. Darum können

wir uns das gar nicht leisten, überhaupt nicht oder ganz selten einen Gottesdienst zu besuchen oder mitzuhören. Dann vergeht uns nämlich am Ende jeder Mut, an unsere Erlösung, an unsere Freiheit zu glauben. Dann bleiben wir unsicher und angstvoll bemüht, uns beim eigenen Schopf aus dem Sumpf zu ziehen.
Der Grundirrtum unseres Lebens ist die Überzeugung: Es kommt zuerst auf die Leistung an. Die befreiende Grundwahrheit des Evangeliums lautet: Es kommt nicht zuerst auf die Leistung an. Erst kommt die Liebe und dann die Moral.
Weil das immer wieder gesagt werden muß, darum bleibt die Kirche notwendig, darum hat Christus ihr die Schlüssel des Himmelreiches anvertraut, darum hat Christus sie auf den Felsen gebaut und die Versicherung gegeben: »... und die Pforten der Hölle werden sie nicht überwältigen.«

Theologie des Fußballspiels

2 Tim 4,6–8.16–18

Von Dostojewski stammt das Wort: »Man kann die Menschen nicht lieben, ohne auch ihre Freuden zu lieben.« Bei der Übertragung einer Fußballweltmeisterschaft etwa zeigt sich weltweit ein unglaublich großes Interesse für diesen Sport. Unendlich viele Menschen haben Freude an dieser schönsten Nebensache der Welt. Viele aber stehen abseits und schütteln den Kopf. So können wir zu ihnen mit Dostojewski sagen: »Man kann die Menschen nicht lieben, ohne auch ihre Freuden zu lieben.« Bleibt die Frage, was denn das Fußballspiel mit dem Evangelium Jesu Christi zu tun hat. Darüber wollen wir heute sprechen, indem wir sagen

1. Das Fußballspiel ist ein Spiel.
2. Es ist ein Kampfspiel.
3. Es ist ein Glücksspiel.

Im Spielen sind die Kinder Meister. Sie spielen, um zu spielen, nicht um die Zeit totzuschlagen, nicht um sich zu entspannen, nicht um eines äußeren Zweckes willen. Damit erfüllen sie vollkommen die Definition des Spiels. Es ist eine sinnvolle aber zweckfreie Tätigkeit, eine lustbetonte Betätigung, die nicht um eines äußeren Zieles willen, sondern allein um ihrer selbst willen erfolgt. Kinder lehren uns auch die Macht des Spiels. Sie spielen vollkommen in das Spiel versunken, vergessen Raum und Zeit und sich selbst. So zeigen sie uns, daß das Spielen eine Weise des Aussteigens aus dem normalen Leben, aus der normalen Wirklichkeit ist.

Die zentralen Punkte in der antiken Stadt waren der Tempel und das Theater. Liturgie und Spiel sind die Möglichkeiten, aus der schlechten Wirklichkeit des Lebens, aus dem Gefühl der Vergänglichkeit und Sterblichkeit, aus der Melancholie des täglichen Daseins auszusteigen.
Für Kinder ist das Leben selbst ein Spiel, für Kinder, aber nicht für den reifen Menschen. Goethe läßt Faust sagen: »Ich bin zu alt, um nur zu spielen, zu jung, um ohne Wunsch zu sein.« Das Leben ist kein Spiel, aber das Spiel ist ein notwendiger Bestandteil des Lebens. Der griechische Philosoph Aristoteles schreibt in seiner »Ethik«: »Trefflich erscheint mir der Ausspruch: Spiele, damit du ernst sein kannst. Denn das Spiel ist ein Ausruhen. Die Menschen bedürfen, da sie nicht immer tätig sein können, des Ausruhens.«
Sind aber auch die Fußballwettkämpfe Spiele? Wenn das Spiel eine sinnvolle, aber zweckfreie, lustbetonte Tätigkeit ist, dann ist schon das Wort »Berufsspieler« paradox. Die 22 Kicker auf dem Rasen sind kalte Profis. Sie kassieren einen fünfstelligen Monatslohn, sie kassieren hohe Siegesprämien, sie kassieren horrende Summen für Reklame, sie sind Funktionäre des Fußballbundes und eines riesigen Geschäftsrummels.
Das ist die traurige Wahrheit, aber es ist nicht die ganze Wahrheit. Tatsache bleibt, daß keiner zu einem hochbezahlten Fußballstar wird, der nicht in der Regel während des Spiels mit Freude, ja, mit Begeisterung bei der Sache ist. Wenn dann ein Spiel wirklich läuft, wenn eine Mannschaft harmonisch zusammenspielt, kann während des Spiels keiner an seinen persönlichen Profit denken. Das aber ist entscheidend.
Also, zugegeben, für die Männer auf dem Rasen ist es im Augenblick des Spiels tatsächlich ein Spiel. Aber ist es auch ein Spiel für die Zuschauer, für die Rabauken auf den

Tribünen, für die Millionen und Abermillionen am Fernsehschirm? Sie schreien und regen sich auf, und das ist ihre ganze Tätigkeit. Aber auch diese Form von Mitspielen ist ein Spiel und erfüllt in vollendeter Form die Definition von einer sinnvollen, aber zweckfreien Tätigkeit. Ein spannendes Spiel ist eine ungeheure Nervenmassage. Es treibt die begeisterten Zuschauer durch die ganze Skala der Gefühle, von tiefster Traurigkeit bis zu ausgelassenster Freude.

Unser Pater Venantius, der im Kloster sein Goldenes Priesterjubiläum feierte, ein hochgebildeter Mann, lange Jahre Dozent an der Universität, nimmt noch heute am Fußballspiel in einer Weise anteil, daß wir um seine Gesundheit fürchten und ich den Vorschlag machte, man möchte ihm vor dem Endspiel der Weltmeisterschaft eine Beruhigungstablette in das Essen schmuggeln, damit er sein Jubiläum überhaupt noch erlebt.

Vor der Messe erzählte mir die Frau eines über Neunzigjährigen, daß ihr Mann wegen Taubheit kaum am Leben teilnimmt, darüber hinaus wegen Schwäche fast den ganzen Tag verschläft, daß er aber putzmunter ist, wenn ein Fußballspiel übertragen wird. Gerade die Faszination, die das Fußballspiel auf ungeheure Menschenmengen ausübt, läßt uns fragen, was denn dahintersteckt.

Das Fußballspiel ist ein Kampfspiel. Gerade indem nicht mit der Hand gespielt werden kann, mit der wir hantieren, sondern mit dem Fuß, den wir im Umgang mit anderen nicht benutzen, gerade dadurch, daß hier Kraft und Geschicklichkeit entscheidend sind, wird deutlich, daß Fußball ein Kampfspiel ist. Es hat Ähnlichkeit mit einem Kriegsspiel. Auch hier wird wie im Krieg von Angriff und Verteidigung gesprochen. Es gibt den Zweikampf, Mann gegen Mann, und es geht um Sieg oder Niederlage. Der Ball wird nicht mit dem Fuß gestoßen, sondern geschos-

sen. Wir sprechen von Torschuß. Der ganze Reiz eines Fußballspiels ist verloren, wenn die Männer auf dem Rasen nicht kämpfen, sich nicht einsetzen, nicht das Letzte geben.
Als Kampfspiel ist das Fußballspiel ein Symbol des Lebens. Das Leben ist ein Kampf ums Dasein. Ohne den ständigen Kampf um Selbstbeherrschung gibt es kein Reifen und Wachsen zur Persönlichkeit. Mein Lieblingswort aus dem 2. Teil des »Faust« lautet:

»Das ist der Weisheit letzter Schluß,
nur der verdient sich Freiheit wie das Leben,
der täglich sie erobern muß.«

Fußball ist dann schön, wenn die Sportler kämpfen wie um ihr Leben. »Und setzt ihr nicht das Leben ein, nie wird euch das Leben gewonnen sein.« Für jeden Menschen ist das Leben ein Kampf. Es ist in besonderem Maße ein Kampf für den Christen. Das Himmelreich wird uns nicht in den Schoß geworfen. Jesus sagt: »Das Himmelreich leidet Gewalt. Und die Gewalt brauchen, werden es an sich reißen.« Fast möchte man sagen, es kommt nicht darauf an, wofür wir kämpfen, es kommt darauf an, daß wir kämpferisch leben. In diesem Sinne bemerkt Goethe: »Nicht so vieles Federlesen, laßt mich immer nur herein, denn ich bin ein Mensch gewesen, und das heißt ein Kämpfer sein.«
Paulus schreibt: »Ich hab den guten Kampf gekämpft, den Lauf vollendet, den Glauben bewahrt. Darum harrt meiner die Krone der Gerechtigkeit, welche mir geben wird der Richter.«
Schließlich ist das Fußballspiel auch ein Glücksspiel. Gewiß geht es nicht ohne Einsatz und Geschicklichkeit, nicht ohne Strategie und Taktik. Und doch ist der Mensch keine Maschine, die berechnet werden kann. Darum bleibt trotz

Training und Trainer bei jedem Spiel ein Rest, den das Glück entscheidet. Da schreibt die Frankfurter Allgemeine zu dem Fußballspiel Deutschland – Frankreich: »Wer hat besser gespielt? Darüber kann man streiten. Übrig bleibt in jedem Fall die Kapitulation vor dem betörenden Zauber des Zufalls, zu dem solch ein Fußballspiel fähig ist. Wohl selten hat der oft gedankenlos dahingesagte Satz, der Glücklichere habe gewonnen, so tief getroffen. Fortuna muß im entscheidenden Augenblick eine Deutsche gewesen sein.«

Immer hat auch der, der sich über den Sieg seiner Mannschaft freut, das Gefühl, er habe Glück gehabt. Was aber bedeutet dieses Gefühl? Marie von Ebner-Eschenbach sagte einmal: »Daß andere Leute kein Glück haben, finden wir sehr leicht natürlich. Daß wir selbst keins haben, immer unfaßbar.« Warum ist das so? Warum halten wir uns für Glückspilze? Warum ist es für uns so wichtig, daß unsere Mannschaft Glück hat und mit Glück den Sieg erringt?

Im Tagebuch von Ernst Jünger mit dem Titel »Strahlungen«, steht der Satz: »Wenn die Kugel für uns rollt, kosten wir einen erlesenen Genuß, den Genuß einer geheimsten materiellen Intelligenz. In der Tat ist das Glück nichts anderes als die Elementarform der Intelligenz. Im Glück denken wir die Dinge, denkt die Welt für uns mit. Wir sind in dem Glauben, dessen wir im Innersten bedürfen, mit der Welt verschworen, mit ihr im Einverständnis zu sein.«

Wenn der Ball auf dem Spielfeld für uns rollt, kosten wir einen erlesenen Genuß, den Genuß einer geheimsten materiellen Intelligenz. Wenn wir Glück haben, dann denkt der Ball gleichsam für uns mit. Der Ball und die Elemente, die zum Fußballspielen gehören, die Tüchtigkeit der Spieler, die Bodenbeschaffenheit, der Wind, alles ist von einer geheimen Intelligenz erfüllt, einem Willen, der auf unserer Seite und nicht auf der des Gegners steht. Glück haben bedeutet, mit der Welt, mit den Dingen im Einverständnis zu sein.

Einen Schritt weiter gedacht: Glück bedeutet, mit dem, der hinter der Welt steht, mit dem geheimen Lenker aller Dinge im Einverständnis zu sein. Glück haben heißt, begnadet zu sein. Jünger sagt, wir brauchen den Glauben, mit der Welt im Einverständnis zu sein. Glück ist eine Weise der Gnade Gottes, wie Schiller einmal formuliert: »Aus den Wolken muß es fallen, aus der Götter Schoß, das Glück.«

Ein glücklicher Mensch ist einer, der Glück hat, der das Gefühl hat, von Gott begnadet zu sein. Daß Gott aber uns alle begnadet, ist der Kern des Evangeliums, der Frohbotschaft. Alles Vergängliche ist nur ein Gleichnis. Angelus Silesius sagt, daß unser ganzes Leben, das Leben aller Menschen, die ganze Weltgeschichte ein Spiel ist. »Dies alles ist ein Spiel, das sich die Gottheit macht, die hat die Kreatur um ihretwillen erdacht.«

In Olympia bei den alten Griechen

1 Kor 9,24–27

Alle vier Jahre bereitet sich die Welt auf die Olympischen Spiele vor. Das ist im Zusammenhang mit der heutigen Lesung ein Grund, uns ein wenig mit den Olympischen Spielen der alten Griechen zu beschäftigen.
Wohl niemals in der Geschichte der Menschheit ist der menschliche Geist den Grundgedanken des Christentums nähergekommen als im 5. Jahrhundert v. Chr. in Griechenland. Darum reisen wir heute im Geiste zu jener Ruinenstätte am Flusse Alphaios, die vom antiken Olympia übrig blieb. Hier fanden vom Jahre 746 v. Chr. bis zum Jahre 493 n. Chr. schriftlich überlieferte sportliche Wettkämpfe statt zu Ehren des Vaters der Götter und Menschen, den die Griechen »Zeus« nannten. Sie glaubten, daß der Gott Zeus zusammen mit den anderen oberirdischen Göttern auf dem höchsten Berg Griechenlands, auf dem Olymp, Gastmähler und Beratungen abhielt. Von jenem Berg erhielt das Heiligtum seinen Namen, an dem alle vier Jahre Wettkämpfe abgehalten wurden.
Olympia war keine Stadt und kein Dorf, sondern ein heiliger Bezirk, der übersät war mit Opferaltären, Götterstatuen und Schatzhäusern für die Weihegaben an die Götter. Unter den Ruinen, die man dort ausgegraben hat, befinden sich auch die Fundamente des großartigen Zeustempels, der im Jahre 456 v. Chr. gebaut wurde. Bei der Zerstörung des Tempels durch Erdbeben blieben Teile von steinernen Bildwerken erhalten. Was der griechische Götterglaube in seiner höchsten Aufgipfelung im 5. Jahrhundert v. Chr. als

Sinn der olympischen Spiele zu verkünden hatte, wollen wir von drei Bildwerken des Zeustempels ablesen.
Wer dieses zentrale Heiligtum von Westen her betrat, sah über sich im Giebelfeld in überlebensgroßen Steinfiguren eine Szene aus der Geschichte vom Kampf der Lapithen mit den Kentauren. Die Lapithen, so erzählten die alten Griechen, lebten in der Urzeit der Menschheitsgeschichte und waren die ersten Menschen, die Tiere zähmten. »Kentauren« nannten die Griechen Tiermenschen, die den Unterleib eines Pferdes und den Oberkörper eines Menschen hatten. Sie wohnten nicht weit von den Lapithen und waren von alten Zeiten her mit ihnen verwandt.
Darum wurden die Kentauren von den Lapithen eingeladen, als ihr König Hochzeit feierte. Nachdem während des feierlichen Hochzeitsmahls im Saal die Kentauren zu viel Alkohol getrunken hatten, vergriffen sie sich plötzlich in hemmungsloser Wildheit und unbezähmbarer Gier an den Frauen der Lapithen. Im Handumdrehen war im Hochzeitssaal eine fürchterliche Saalschlacht entbrannt. Dieser wilde Kampf zwischen Menschen und Tiermenschen war im Giebelfeld des Zeustempels in Olympia zu sehen. Die Beter, die den Tempel betraten, sahen über sich, mitten im Gewühl der Kämpfenden, die hoheitsvolle Gestalt des Gottes Apollon. Gebieterisch streckte er einen Arm gegen die Tiermenschen aus. Damit schenkte er den Lapithen den Sieg über die frevelhaften Kentauren.
Was ist der Sinn des Bildes? Es stellt dar den Kampf des Menschen mit dem Tiermenschen, d. h. den Kampf des Menschen mit dem Tier *im* Menschen, mit den ungezügelten Trieben und Leidenschaften. Die Griechen betrachteten die Selbstbeherrschung als höchstes Ziel der Sittlichkeit. Wie die Sportler im Wettkampf nach den von den Göttern gesetzten Regeln um den Sieg kämpften, so hat der Mensch in Befolgung der göttlichen Gebote zur Ehre

Gottes zu kämpfen um den Sieg über Triebe und Leidenschaften. Wenn er im Gehorsam gegenüber den Gottesgeboten die Ordnung zwischen sich und Gott wahrt, wahrt er die Ordnung in seinem eigenen Inneren. In dem Maße, in dem er in sich selbst Ordnung schafft und erhält, erhält er die Ordnung im Zusammenleben mit den Mitmenschen.

Sicher auch im Blick auf Olympia schrieb Paulus an die Korinther: »Wißt ihr nicht, daß die Läufer in der Rennbahn (griechisch: »stadion« – die klassische Kurzstrecke in Olympia) zwar alle laufen, daß aber nur einer den Siegespreis empfängt? Laufet so, daß ihr ihn erringet. Jeder Wettkämpfer aber übt gänzlich Enthaltsamkeit; jene tun es, um einen vergänglichen Preis zu erlangen, wir aber einen unvergänglichen. So laufe ich denn meinerseits nicht wie ins Blaue hinein, ich führe den Faustkampf (eine Disziplin bei den Olympischen Spielen) nicht wie einer, der Lufthiebe schlägt, sondern ich zerschlage meinen Leib und mache ihn mir untertan.«

Im Innern des Zeustempels erzählten zwölf Reliefs die Abenteuer des Herakles, der in der Urzeit die olympischen Spiele zu Ehren seines göttlichen Vaters Zeus eingerichtet hatte. Eines der Reliefs zeigte den Kampf des gewaltigen Helden mit der Riesenschlange »Hydra«. Diese lebte in einem Sumpfgebiet und kam von dort immer wieder hervor, um die Felder der Menschen und ihre Viehherden zu vernichten und damit die Menschen dem Hungertod auszuliefern. Das Untier galt als unbesiegbar, weil es neun Köpfe hatte, von denen acht sterblich, der in der Mitte befindliche aber unsterblich war.

Der tapfere Herakles, ein schattenhafter Vorläufer des Erlösers Jesus Christus, wollte die Menschheit von dieser Geißel erlösen. Er schoß brennende Pfeile auf die Hydra ab, und als sie wütend auf ihn zustürmte, begann er, mit

einer Sichel ihr die Köpfe abzuschneiden. Doch überall, wo er einen Kopf abschlug, wuchsen in Blitzesschnelle zwei neue hervor.
Mit Körperkraft und Geschicklichkeit kann der Mensch ein wildes Tier besiegen, nicht aber ein Untier, einen bösen Geist in Tiergestalt. Das kann der Mensch nur mit Hilfe der Götter und in der Kraft ihres Geistes. Darum schenkte der Gott Zeus seinem Sohn Herakles den entscheidenden Geistesblitz.
Dieser nahm einen Baumstamm und hielt ihn in ein Feuer. Dann stieß er das glühende Ende des Stammes dort nach, wo er einen Kopf der Riesenschlange abgesichelt hatte. Indem er die Wunden ausbrannte, verhinderte er, daß die Köpfe weiter nachwuchsen. Am Ende vergrub er den unsterblichen Kopf des Untiers in der Erde.
An die Epheser schrieb Paulus: »Legt die Waffen unseres Gottes an, auf daß ihr standhalten könnt gegen die Ränke des Teufels. Unser Kampf geht nicht gegen Blut und Fleisch, sondern gegen die Mächte, gegen die Weltbeherrscher dieser Finsternis, gegen die bösen Geister in den Höhen.«
Unser drittes Bild stand im innersten Heiligtum des Zeustempels. Die zwölf Meter große Figur des Göttervaters Zeus auf dem Herrscherthron gehörte zu den sieben Weltwundern der Antike und machte auf die Betrachter einen unauslöschlichen Eindruck. Ein Spruch der Alten lautete: »Wer den Zeus des Pheidias in Olympia nur einmal gesehen hat, kann in seinem ganzen Leben nie wieder ganz unglücklich werden.«
Im Antlitz der aus Gold und Elfenbein gefertigten Statue mischten sich in einzigartiger Weise göttliche Erhabenheit und menschliche Liebenswürdigkeit. Als die Christen der Alten Welt es zum ersten Mal wagten, ihren Erlöser bildlich darzustellen, wußten sie seinem Antlitz keine würde-

volleren Züge zu verleihen als die des Zeus von Olympia.
Der thronende Gott hielt in der linken Hand das Zepter und in der ausgestreckten rechten Hand eine kleine Figur der Siegesgöttin. Auf seinem Haupt trug er einen Kranz aus Zweigen des wilden Ölbaums. Mit einem solchen Kranz wurden auch die Sieger im Wettkampf von den Priestern im Tempel unmittelbar vor der Zeusstatue gekrönt:
Es ist den Menschen aufgegeben, ihr Leben im Kampf zu bestehen. Der Sieg im Kampf jedoch ist nicht einfachhin der Erfolg ihrer Mühe, sondern vor allem ein Geschenk der Götter.
Im Rückblick auf sein Leben schrieb Paulus an Timotheus: »Ich habe den guten Kampf gekämpft, den Lauf vollendet, den Glauben bewahrt. Nun liegt für mich der Siegeskranz der Gerechtigkeit bereit, den mir der Herr an jenem Tag überreichen wird, der gerechte Richter, doch nicht mir allein, sondern auch allen, die seiner Wiederkunft mit Liebe entgegensehen.«

Kleine Psychologie der Liebe

Lk 4,21–30

»Lehre uns, die Menschen so lieben, wie du sie liebst«, so betet die Kirche heute in der Sonntagsmesse. Die Lesung des Sonntags ist das Hohelied der Liebe aus dem 1. Korintherbrief des hl. Paulus. »Wenn ich mit Menschen- und Engelszungen redete, hätte aber die Liebe nicht, so wäre ich ein tönendes Erz und eine klingende Schelle.« »Liebe sei vor allen Dingen unser Thema, wenn wir singen«, heißt es im westöstlichen Divan von Goethe. Liebe ist unser Thema heute, auch im Evangelium.

Jesus in der Synagoge von Nazaret unter seinen Brüdern, seinen Nachbarn, seinen Freunden: Zuerst spenden sie ihm Beifall, und als er es ablehnt, ein Wunder zu wirken, schlägt ihr Staunen um in Haß, in das Gegenteil von Liebe.

Ist es möglich, dem alten Thema der Liebe, der Liebe zu Gott und den Menschen, einen neuen Aspekt abzugewinnen? Paulus dichtet einen Hymnus, wenn er auf die Liebe zu sprechen kommt, und immer waren es die Dichter, die zu singen anfingen über das Thema »Liebe«. So wollen wir von einem Dichter unserer Zeit, von Max Frisch uns sagen lassen, was er unter Liebe versteht.

Wir gehen aus vom 1. Gebot Gottes: Ich bin der Herr, dein Gott, du sollst keine anderen Götter neben mir haben, und du sollst dir kein geschnitztes Bild machen, um es anzubeten. Mit diesem Gebot wird die Götzenanbetung verboten. Gott ist nicht aus Stein und nicht aus

Holz, und er wohnt auch nicht in Bildern aus Stein oder Holz. Gott ist erhaben über Raum und Zeit.
Aktuell ist das Verbot: Du sollst dir mit deinem Geist und den Werkzeugen deines Verstandes kein Bild von Gott zurechtschnitzen, zurechtmodeln. Du sollst Gott Gott sein lassen. Erst von dieser Aussage her wird die Bedeutung des ersten und wichtigsten der 10 Gebote für uns verständlich.
Und nun sagt Max Frisch, dieses 1. Gebot regele nicht nur das Verhältnis des Menschen zu Gott, sondern auch das Verhältnis des Menschen zu den Menschen. Du sollst dir von deinem Mitmenschen kein Bild machen, denn das ist das, was wir immer tun: wir machen uns ein Bild von ihm, und dann sind wir mit ihm fertig. Wir machen uns ein Bild von ihm, in das wir ihn einsperren.
Indem wir von diesem Bild sprechen, verführen wir ihn, sich dem Bild anzugleichen und sich selber so fremd zu werden, ohne es selbst zu merken. Du sollst dir kein Bild vom Nächsten machen, denn der andere ist wie alles Lebendige, nie in eine feste Form zu fassen. Alles Lebendige bewegt sich und verändert sich, und so auch der Mensch.
Du sollst dir kein Bild machen. Aber wie ist das möglich, denn wir müssen uns eine Vorstellung von den Dingen und von den Menschen machen? Darauf antwortet unser erstes Zitat aus des Dichters Tagebuch.
»Wir wissen, daß jeder Mensch, wenn man ihn liebt, sich wie verwandelt fühlt und sich entfaltet, und daß sich auch dem Liebenden alles entfaltet: das Nächste, das lange Bekannte. Vieles sieht er wie zum ersten Mal. Die Liebe befreit es aus jeglichem Bildnis. Man höre nur die Dichter, wenn sie lieben. Sie tappen nach Vergleichen, als wären sie betrunken. Sie greifen nach allen Dingen im All, nach Blumen und Tieren, nach Wolken, nach Sternen und Mee-

ren. Warum? Weil der Mensch, den man liebt, unfaßbar ist. So wie das All, wie Gottes unerschöpfliche Geräumigkeit, schrankenlos, alles Möglichen voll, aller Geheimnisse voll, so ist der Mensch, den man liebt.«
Das ist die Antwort von Max Frisch, die Antwort auf die Frage, wie wir das erste Gebot erfüllen, uns kein Bild von dem anderen zu machen, die Antwort: allein dadurch, daß wir ihn lieben. Allein durch die Liebe werden die Dinge aus ihrem Bild befreit, in das Geheimnis hineingerückt, denn die Liebe verwandelt den Liebenden und den Geliebten. »Man höre nur die Dichter«, sagt Max Frisch.
Hören wir einen von ihnen, spüren wir, daß wir gefühlsmäßig, stimmungsmäßig sternenweit von dem entfernt sind, was Goethe beschreibt. Aber das sagt ja gerade Max Frisch: der Liebende ist wie ein Trunkener. In seinem »Mailied« spricht Goethe zuerst ganz schlicht die Schönheit des Frühlings an:

»Wie herrlich leuchtet mir die Natur,
wie glänzt die Sonne, wie lacht die Flur.
Es dringen Blüten aus jedem Zweig
und tausend Stimmen aus dem Gesträuch.
Und Freud und Wonne aus jeder Brust.
O Erd, o Sonne, o Glück, o Lust.«

Das ist also das Naturerlebnis im Frühling. Blühende Bäume, singende Vögel. Das spricht das Herz des Menschen unmittelbar an. Aber dann adressiert er, der liebende Dichter, an die Kraft, die segnende Kraft der Liebe die Worte:

»O Lieb, o Liebe, so golden schön
wie Morgenwolken auf jenen Höhn.
Du segnest herrlich das frische Feld,
im Blütendampfe die volle Welt.«

Es ist die Liebe, die die Welt noch einmal verwandelt, nachdem der Frühling den Winter beendete und die Welt mit seinem Glanz verklärte. Schließlich spricht Goethe den geliebten Menschen an, und spricht ihn daraufhin an, daß der Geliebte die Kraft hat, ihn, den Liebenden, zu verwandeln.

»O Mädchen, Mädchen, wie lieb ich dich,
wie blickt dein Auge, wie liebst du mich,
so liebt die Lerche Gesang und Luft
und Morgenblumen den Himmelsduft.
Wie ich dich liebe mit warmem Blut,
die du mir Jugend und Freude und Mut
zu neuen Liedern und Tänzen gibst,
sei ewig glücklich, wie du mich liebst.«

Frisch fragte einmal: »Halten Sie Geheimnislosigkeit für ein Gebot der Ehe, oder finden Sie, daß gerade das Geheimnis, das zwei Menschen voreinander haben, sie verbindet?« Zunächst möchten wir antworten: natürlich, Geheimnislosigkeit ist ein Gebot der Ehe. Zwei Menschen, die sich lieben, die einander vertrauen, haben keine Geheimnisse voreinander.

Aber wenn wir das Wesen der Liebe bedenken, der Liebe, die den anderen in das Geheimnis rückt und ihn in der Schwebe alles Lebendigen gleichsam festhält, dann müssen wir sagen: gerade das Geheimnis, das zwei Menschen voreinander haben, verbindet sie. »Du sollst dir kein Bild vom anderen machen.« Wir machen es immer wieder neu, aber dieses Bild wird zersprengt, und der andere wird aus diesem Bild befreit in dem Moment, in dem wir ihn anschauen mit den Augen der Liebe.

Darüber sagt Frisch in seinem Buch »Mein Name sei Gantenbein«: »Die Frau ist ein Mensch, bevor man sie liebt, manchmal auch nachher. Sobald man sie liebt, ist sie ein Wunder, also unhaltbar.« »Unsere Meinung, daß wir den anderen kennen, ist das Ende der Liebe, jedesmal.« In dem Augenblick nämlich, in dem wir meinen, wir hätten den anderen durchschaut, ist die Liebe am Ende. Wir können ihn behandeln und manipulieren und auf die Seite stellen, aber er ist nicht mehr der, der als das Geheimnis uns provoziert, aus uns herauszugehen, um in ihn einzudringen und immer tiefer kennenzulernen.

»Unsere Meinung, daß wir den anderen kennen, ist das Ende der Liebe, jedesmal. Aber nicht, weil wir den anderen kennen, geht unsere Liebe zu Ende, sondern umgekehrt: weil unsere Liebe zu Ende geht, weil ihre Kraft sich erschöpft hat, darum ist der Mensch fertig für uns. Er muß es sein. Wir können nicht mehr. Wir kündigen ihm die Bereitschaft, auf weitere Verwandlungen einzugehen. Wir verweigern ihm den Anspruch alles Lebendigen, das unfaßbar bleibt, und zugleich sind wir verwundert und enttäuscht, daß unser Verhältnis nicht mehr lebendig sei. ›Du bist nicht‹, sagt der Enttäuschte oder die Enttäuschte, ›wofür ich dich gehalten habe‹. Und wofür hat man sich denn gehalten? Für ein Geheimnis, das der Mensch ja immerhin ist, ein erregendes Rätsel, das auszuhalten wir müde geworden sind. Man macht sich ein Bildnis. Das ist das Lieblose, der Verrat.«

Wenn für alle Menschen gilt, daß sie Geheimnis sind, gilt das am meisten für Jesus, der ganz unmittelbar aus dem Geheimnis Gottes kommt. Die Kunde von Wundertaten in Kafarnaum ist ihm in seine Heimatstadt vorausgeeilt. Nun kommt er selbst. Er predigt und verkündet das Wort so, daß alle hingerissen sind, und daß sie hinter ihm den Abgrund des göttlichen Geheimnisses sehen, aber nur für einen Augenblick, denn sie sind die Menschen seiner Heimatstadt.

Sie kennen ihn ja, sie haben ein Bild von ihm: »Ist das nicht der Zimmermann, der Sohn Marias, dessen Brüder und Schwestern hier unter uns wohnen?« Sie haben sich ein Bild von ihm gemacht. Und in dem Moment, da er diesem Bild nicht mehr entspricht, schlägt ihre Begeisterung um in tödlichen Haß.

Das erste Gebot des Alten Testamentes heißt: Du sollst dir kein Bild machen, das erste des Neuen Testamentes: Du sollst Gott lieben und den Nächsten wie dich selbst. Nur so werden wir dem Nächsten gerecht.

Was wir von der Sünderin lernen können

Lk 7,36–50

Einen alten Scherz möchte ich erzählen, und einen neuen Gedanken daran anknüpfen.
Fragt die Frau den Mann, der behauptet, am Sonntagmorgen nicht im Wirtshaus, sondern in der Kirche gewesen zu sein: Worüber hat der Pastor gepredigt? Über die Sünde. Was hat er denn gesagt? Er war dagegen.
Die Antwort des Mannes sagt uns einiges darüber, was man mit einem Modewort das Image der Kirche nennt. Die Kirche redet über die Sünde und ist dagegen. Keiner ist unter uns, der Gott aus ganzem Herzen und aus ganzer Seele liebt und den Nächsten wie sich selbst. Wir können der Forderung, die die Kirche im Namen Gottes an uns stellt, nicht entsprechen. Dadurch geraten wir in Schuld. Wir sind Sünder, und wir fühlen uns auch so. Wenn dann gegen die Sünde gesprochen wird, haben wir den Eindruck, daß wir angegriffen und abgelehnt werden. Der Pastor, der da predigt, mag mich nicht, er liebt mich nicht und er versteht mich nicht.
Auf diese Ablehnung reagieren wir ebenfalls mit Ablehnung. Niemand hat Lust, sich die Leviten lesen zu lassen. Zu diesem negativen Image der Kirche trägt bei, daß manche Prediger meinen, auf der Kanzel müsse geschimpft werden. Zur Korrektur dieses Image ist unser Sonntagsevangelium besonders geeignet.
Jesus hat das Reich Gottes verkündet, nicht geschimpft. Er hat gewiß einige Leute kritisiert, nämlich die Pharisäer, die sich für gerecht hielten und grundsätzlich der Meinung

waren, daß sie alles richtig machten. Mit den Sündern und Zöllnern hat Jesus nicht geschimpft.
Das Evangelium des heutigen Sonntags gibt uns zwei Fragen auf:
1. Was hat der Pharisäer falsch gemacht, und was können wir aus seinem Fehler lernen? 2. Die Sünderin, was hat sie richtig gemacht, und was können wir aus ihrem Verhalten lernen?
Die Sünderin war eine Berufsdirne. Kein anständiger Jude ließ sich von einer solchen Frau anfassen, wenigstens nicht in der Öffentlichkeit. Der Pharisäer hatte Jesus zum Essen eingeladen. Das war gewiß kein Fehler. Da passierte die Geschichte mit der Dirne. Der Pharisäer dachte: Das kann doch kein Prophet sein; als Prophet müßte er durch diese Frau hindurchsehen, müßte er ihre schwarze Seele sehen.
Das war gar nicht so falsch gedacht. Vor allem, er hat es nur gedacht und nicht gesagt. Und doch wird er von Jesus getadelt. »Simon, ich möchte dir etwas sagen«, erklärte Jesus. Und Simon antwortet: »Sprich, Meister.« Er ist ein höflicher Mensch. Er nennt Jesus, den er nicht für einen Propheten hält, immer noch »Meister«. Jesus erzählt ihm die Geschichte und fragt. Und wiederum gibt Simon höfliche Antwort. Er sagt nicht etwa, die Frage sei eine Frage für Kinder, die Antwort eine Selbstverständlichkeit. Er gibt höflich Antwort.
Jesus greift ihn frontal an. »Du hast mir nichts von dem getan, was diese Frau mir im Übermaß angetan hat.« Was hat der Pharisäer falsch gemacht? Er hat Jesus nicht geliebt und nicht geehrt. Aber das war nicht sein eigentlicher Fehler. Jesus wollte nie persönlich geehrt oder geliebt werden. Der Pharisäer hatte die Sünderin gekannt. Und da hatte er ein Bild von ihr. Deshalb stand für ihn fest, wer oder was diese Frau war, und darum sah er gar nicht mehr, daß diese

Frau etwas tat, das gar nicht in das Bild einer Sünderin paßt. Er sah gar nicht, daß diese Frau Jesus liebte und ihn nicht für Geld liebte. Wenn er das gesehen hätte, dann hätte er das Richtige daraus schließen müssen, wie er ja das Richtige aus der Geschichte, die Jesus ihm erzählte, schloß. Er hätte daraus schließen müssen, daß dieser Frau viele Sünden vergeben sein müssen, wenn sie jetzt so viel Liebe erweist.

Das also können wir aus dem Fehler des Simon lernen. Wir sollen uns kein festes Bild von den anderen machen, vor allem kein negatives Bild. Dann sehen wir nämlich nicht, daß der andere sich anders verhält als das Bild, das wir von ihm haben, daß er sich vielleicht geändert oder gebessert hat. Wir sind zu schnell mit unseren Mitmenschen fertig. Wir machen uns ein Bild von ihnen und dann sind sie für uns erledigt. Simon machte sich ein Bild. Das ist auch unser Fehler. Daher müssen wir von Simon lernen: Weg mit den Schablonen! Der Mensch ist immer anders und nie so, wie wir ihn klassifiziert haben.

Was hat jene Frau richtig gemacht? Was können wir von ihrem Verhalten lernen? Sie hatte gehört, daß Jesus bei dem Pharisäer Simon eingeladen war. Sie hat das Salbgefäß mitgebracht und wußte genau, was sie tun wollte. Sie hatte zweifellos vorher Jesus schon einmal gesehen und gehört und hatte begriffen: in diesem Mann ist uns Gottes Liebe und Verzeihung zugesagt; Gott liebt auch mich, hat auch mir verziehen. Da hat sie auf die in Jesus erfahrene Gottesliebe mit Liebe zu Jesus reagiert.

Was können wir von ihr lernen? Wir Prediger müssen lernen, nicht zu schimpfen, sondern zuerst die Liebe zu verkündigen. Erst kommt die Liebe und dann die Moral. Wir alle können von dieser Sünderin lernen, in unserem Tun deutlich zu machen, daß in Christus Gottes Liebe und Verzeihung allen Menschen zugesagt ist.

Heinrich Böll und seine heilige Leni

Lk 19,1–10

Unter den geistvollen Geschichten des Herrn Keuner von Bert Brecht befindet sich auch die folgende:
»Ich habe bemerkt«, sagte Herr K., »daß wir viele abschrecken von unserer Lehre dadurch, daß wir auf alles eine Antwort wissen. Könnten wir nicht im Interesse der Propaganda eine Liste der Fragen aufstellen, die uns ganz ungelöst erscheinen?«
Die Gotteslehre der Pharisäer war insofern ein perfektes Moralsystem, als sie auf jede Frage eine Antwort gab. Die Pharisäer nannten ihre Lehre »Das Gesetz«. Jesus war für sie ein Gesetzesbrecher.
Jericho war zur Zeit Jesu eine kleine Stadt, in der die reichen Leute Jerusalems einen Winterpalast besaßen. Die Stadt hatte tropisches Klima, weil sie von Bergen geschützt wurde und 250 m unter dem Meeresspiegel lag. Es gab dort ein Amphitheater, eine Rennbahn und Thermen. Wer in Jericho Chef des Finanzamts war, hatte viel Geld. Das traf auch auf jenen Finanzpräsidenten zu, der im Evangelium als Zachäus vorkommt. Trotz seines Reichtums war er in der Stadt ein Verachteter und Verfehmter, wie alle anderen Finanzbeamten und Zöllner, wie die Prostituierten, die Hirten und die Gerber. Alle diese Menschen wurden Sünder genannt, weil man überzeugt war, ihr Beruf könne nicht ohne Ungerechtigkeit und Sünde ausgeübt werden.
Die Zöllner galten dabei als besonders verächtliche Menschen. Die römische Besatzungsmacht hatte nämlich ein

kluges System entwickelt, aus den von ihnen beherrschten Völkern möglichst viele Steuermittel zu erpressen. So verkauften sie das Recht, Steuern einzusammeln gegen einen hohen Pauschalbetrag an einen Juden, der dann seinerseits von seinen Landsleuten Geld kassieren konnte und selbstverständlich darauf bedacht war, auf seine Kosten zu kommen. Darum waren die Zöllner aus einem dreifachen Grund Sünder, die weder ein öffentliches Amt übernehmen konnten noch auch als Zeuge vor Gericht aussagen durften: Sie unterdrückten ihre Landsleute mit unverhältnismäßig großen Steuerlasten. Sie machten sich als Helfershelfer der verhaßten Besatzungsmacht zu Volksverrätern und sie machten sich kultisch unrein durch den Umgang mit den Heiden.

Deswegen murrten sie alle und sagten: »Bei einem Sünder ist er zu Gast.« Nicht nur die Pharisäer, sondern alle. Auch die Apostel waren über Jesus empört. Die Pharisäer sahen im Verhalten Jesu ein gemeingefährliches Verbrechen. Sie mußten fürchten, daß er durch seine öffentliche Verachtung des Gesetzes Glauben und Moral im Volke untergrub und ein Chaos heraufbeschwor. Das war denn auch der Grund dafür, daß sie ihn schließlich öffentlich verdammen und hinrichten ließen.

Dazu eine Geschichte von Heinrich Böll. Sein Roman »Gruppenbild mit Dame« ist seit seinem Erscheinen eines der meistgekauften Bücher. Es beschreibt das Leben einer Frau unserer Zeit. Leni Pfeiffer aus Köln ist am Ende des Romans 48 Jahre alt, schlank, blond und noch immer attraktiv. Wie fast alle Helden in den Erzählungen Bölls ist sie katholisch. Aber nicht das zeichnet sie aus, sondern ihre ungewöhnliche erotische Anziehungskraft und die von ihr ganz selbstverständlich

gelebte Barmherzigkeit und Liebe. Über ihr Verhältnis zur Religion wird auf 400 Seiten nur in 20 Zeilen etwa folgenden Inhalts berichtet: Leni habe mit der Metaphysik keine Schwierigkeiten. Mit der Jungfrau Maria habe sie via Bildschirm regelmäßig Kontakt und sei »jedesmal wieder überrascht, daß auch die Jungfrau Maria eine Blondine ist, gar nicht mehr so jung, wie man sie gern hätte . . .« Ansonsten seien diese Besuche für Leni nichts Ungewöhnliches. Dabei verfüge sie nicht über reichen Schatz an Gebeten, sie kenne gerade zwei: das Vaterunser und das Ave-Maria. Ein Gebetbuch habe sie nicht und gehe auch nicht zur Kirche. Soweit Bölls Beschreibung von Lenis Verhältnis zur Religion.
Vom Schicksal Lenis ist noch zu erwähnen, daß sie den Männern, die ständig um sie waren, nie zu Willen war. Ihre Liebe schenkte sie allein einem russischen Kriegsgefangenen und zuletzt einem türkischen Gastarbeiter, der zu Hause eine Frau und vier Kinder hat. Auf der letzten Seite des Romans erfahren wir: Leni Pfeiffer malt ein Bild der Muttergottes, wie sie ihr allabendlich auf dem Bildschirm erscheint. Dabei malt sie, ohne es zu bemerken, ein Bild von sich selbst.
Was will Böll sagen? Ganz offenbar dies: Die Dame im Gruppenbild, die 48jährige Blondine, die dem verheirateten Türken »Barmherzigkeit erwies«, ist der Muttergottes gleichförmig geworden, ist die Erscheinung des Heiligen in unserer Zeit.
In seinem Brief an die Römer schreibt Paulus : »Wer den anderen liebt, der hat das Gesetz erfüllt. So ist die Liebe die Überwindung des Gesetzes.«
»Ich habe bemerkt«, sagt Herr K., »daß wir viele von unserer Lehre abschrecken dadurch, daß wir auf alles eine Antwort haben.«

Liebe ist das Himmelreich auf Erden

Joh 14,1–12

»Euer Herz sei ohne Angst, ihr glaubt an Gott, glaubt auch an mich. Im Hause meines Vaters sind viele Wohnungen.«

Die Grundbefindlichkeit des Menschen unserer Zeit ist Angst. Wir haben Angst vor dem Leben, Angst, das Leben nicht zu bestehen. Wir wissen zutiefst, daß wir nicht auf der Welt sind, um zu spielen, sondern um einen Auftrag zu erfüllen. Das Leben hat die Bewandtnis einer Chance. Wir müssen uns bewähren. Wir haben Angst vor dem Leben, weil wir befürchten, seine Aufgaben nicht bewältigen zu können. Wir sind Versager und wir wissen das. Wir haben auch Angst vor dem Tod. Keiner befürchtet ernstlich, heute oder morgen sterben zu müssen. Und doch wirft der Tod seinen dunklen Schatten voraus.

Wir sind, wie der Prophet Jesaja sagt, »das Volk, das im Finstern sitzt und ein großes Licht sieht«. Wir sind die Hirten in der Nacht auf dem Feld vor Betlehem, die, von der Herrlichkeit des Herrn umleuchtet, die Worte hören: »Fürchtet euch nicht, denn ich verkünde euch eine große Freude.« Wir sind die Jünger im Boot, das in der Dunkelheit und im Sturm hin und her geworfen wird. Uns gilt der Anruf Jesu, der über die Wasser des Todes wandelt: »Habt Mut, ich bin es, fürchtet euch nicht.« Wir sind die Frauen am Ostermorgen vor dem leeren Grab, die die Worte hören: »Fürchtet euch nicht. Ihr sucht Jesus von Nazaret. Er ist auferweckt worden.« Wir sind schließlich auch die Jünger, denen Jesus im Evangelium von heute sagt: »Euer

Herz sei ohne Angst. Im Hause meines Vaters sind viele Wohnungen.«
Wir haben Angst vor dem Tod. Wir fragen: wo bleiben wir am Schluß? Was wird aus uns? Doch tun wir Menschen der Massengesellschaft uns schwer mit dem Bild vom Haus des Vaters, in dem uns eine Wohnstätte bereitet ist. Vier Milliarden Menschen leben in der Gegenwart auf dieser Welt. Und es übersteigt unsere Vorstellungskraft, daß alle diese Menschen bei Gott einen Platz haben.
Jesus fährt fort: »Wenn ich hingegangen bin und euch einen Platz bereitet habe, so komme ich wieder und werde euch zu mir holen, damit auch ihr seid, wo ich bin.« Wer redet so? So reden Menschen, die einander lieben. Sie sagen: »Ich wünsche, daß du bist, wo ich bin.« Liebe will zusammen sein. Thomas von Aquin, der große Denker, der fast ausschließlich vom Verstand her die Welt zu erfassen sucht, hat in seinem großen Traktat über die Liebe geschrieben: »Die erste Wirkung der Liebe ist die Vereinigung.« Liebespaare gehen »händchenhaltend« oder Arm in Arm über die Straße. Im Soldatenliebeslied des Zweiten Weltkriegs heißt es:

»Unsere beiden Schatten, die sahen wie einer aus,
daß wir so lieb uns hatten, das sah man gleich daraus.«

Liebe will zusammen sein. Darum sagt Jesus: »Dort, wohin ich gehe, dort sollt auch ihr hingehen, damit wir zusammen sind. Ich werde euch holen, damit ihr seid, wo ich bin.«
Wir aber zweifeln mit dem Skeptiker Thomas: »Herr, wir wissen nicht, wohin du gehst. Wie sollen wir den Weg kennen?« Darauf gibt Jesus zur Antwort: »Glaubt daran, daß ich im Vater bin und der Vater in mir ist.« Das Wort klingt paradox. Wir können entweder in einer Sache sein oder die Sache kann in uns sein. Beides ist gleichzeitig

nicht möglich. Thomas von Aquin stellt in seinem Traktat über die Liebe die Frage: »Ist das wechselseitige Ineinandersein Wirkung der Liebe?« Er antwortet: »Im Hinblick auf die Wahrnehmungskraft heißt es, der Geliebte sei im Liebenden, sofern der Geliebte im Erkennen des Liebenden weilt.«
Lieben heißt, an jemanden denken. Man kann nicht sagen: ich liebe dich, aber ich habe deinen Geburtstag vergessen. Liebe ist ein Phänomen der Aufmerksamkeit. Indem wir an den Geliebten denken, haben wir ihn als Phantasiebild in unserem Geist, tragen wir ihn in unserem Herzen. So ist die geliebte Person als Phantasiebild im Liebenden. Werner von Tegernsee dichtete das mittelalterliche Liebeslied:

»Ich bin dein,
du bist mein,
des sollst du gewiß sein.
Du bist beschlossen
in meinem Herzen,
verloren ist das Schlüsselein,
nun must du immer darinnen sein.«

Thomas von Aquin fährt in seinem Traktat fort:
»Vom Liebenden aber sagt man, er sei durch Erkennen im Geliebten, insofern der Liebende nicht mit der oberflächlichen Kenntnis des Geliebten zufrieden ist, sondern darauf bedacht ist, das Einzelne, das zum Geliebten gehört, zu durchforschen. Und so tritt er in sein Inneres ein.«
Wir lieben einen Menschen und sind nicht damit zufrieden, ihn oberflächlich zu erkennen. Wir lieben sein Herz, wir lieben die Mitte seines Wesens. Damit versuchen wir ständig neu, an ihm Seiten zu entdecken, die wir noch nicht kennen, ihn tiefer zu erfassen. Indem wir das tun, sind wir nicht nur äußerlich an ihm, sondern mit unseren Gedanken in seinem Wesen.

Liebe und Ehe sind recht verstanden ein Prozeß, der nie zu Ende geht, weil der geliebte Mensch ein Abbild Gottes ist und teil hat am Geheimnischarakter Gottes. Darum können wir niemals, am allerwenigsten von einem geliebten Menschen, sagen, daß wir ihn kennen, daß wir ihn durchschaut haben.

Jesus sagt, daß wir glauben sollen, daß er im Vater ist und der Vater in ihm ist. Damit sagt er, daß sie beide in der Liebe eins sind. Und dann fügt Jesus hinzu: »Ich will, daß auch ihr seid, wo ich bin. Euer Herz sei ohne Angst. Ihr glaubt an Gott, glaubt auch an mich. Im Hause meines Vaters sind viele Wohnungen.«

Freude ist die Frucht der Liebe

Joh 15,9–17

»Ich bin der Weinstock, ihr seid die Reben.« Alles kommt darauf an, daß wir Frucht bringen. Das können wir nur, wenn wir aus lebendiger Verbindung mit Jesus heraus leben. Was ist die Frucht, die wir bringen sollen? Am Weinstock wachsen Trauben. Wir sollen für andere so leben, daß wir für sie wie Obst und Wein sind, nämlich nützlich und nahrhaft, Wein, der des Menschen Herz erfreut. Im Evangelium sagt Jesus: »Dies habe ich zu euch gesagt, damit meine Freude in euch ist und damit eure Freude vollkommen wird.«

Wir können nur dann anderen Freude schenken, wenn wir sie selber in uns haben. Nemo dat, quod non habet – niemand kann geben, was er nicht besitzt. Wer Freude vermitteln will, muß selber froh sein oder zumindest Freude heucheln. Als kleiner Junge im Krankenhaus mit vielen anderen Kindern zusammen in einem Zimmer, besuchten mich eines Tages meine Eltern. Da schnitt ich sehr sonderbare Grimassen: ein breites Grinsen, ein ernstes Gesicht und beides in schneller Abfolge. Gefragt, was das bedeute, sagte ich: »Ich spiele den Doktor. So macht er es bei der Visite. Wenn er an ein Bett herantritt, fängt er an zu grinsen, und sobald er sich abwendet, hat er wieder ein ernstes Gesicht. Die anderen Kinder grinsen zurück, aber ich falle darauf nicht herein.«

Die Welt des Christen ist kein Land des Lächelns, die Freude Jesu kein oberflächliches Gefühl und keine Stimmung. Jesus sagt, daß unsere Freude vollkommen sein soll.

Diese Freude ist so tief und beständig, daß wir sie noch spüren, während wir leiden müssen. Sie ist tiefer als jede Traurigkeit, die uns überkommen kann. Es ist manchmal paradox und doch Tatsache, was in dem Wort zum Ausdruck kommt: »Wie Gott es fügt, bin ich vergnügt.« Es gibt eine Freude während des Leides, tiefer als das Leid.
Jesus erklärt, Freude sei eine Frucht der Liebe. Viele Menschen heute sprechen von Liebe und meinen Sexualität. Wir in der Kirche denken bei der Liebe an etwas Erhabenes, an die nächste Kollekte oder an Barmherzige Schwestern. Jesus dagegen spricht dreimal davon, daß wir seine Freunde sind. Freundschaftsliebe ist menschliche Liebe. Von menschlicher Liebe spricht der Mystiker Angelus Silesius:

»Es ist doch keine Lust und keine Seligkeit,
die übertreffen kann der Liebe Süßigkeit.«

Der Dominikanermystiker Meister Eckehart erzählte einmal in einer Predigt: »Zu einem Weisen kam ein Mann und fragte: ›Was ist die wichtigste Stunde im Leben eines Menschen? Ist es die Stunde der Geburt, der Taufe oder ist es die Stunde des Todes?‹ Und er fragte: ›Welches ist der wichtigste Mensch, dem man im Leben begegnen kann? Ist es der Heilige oder ist es der Weise?‹ Und er fragte: ›Welches ist das wichtigste Werk, das wir im Leben zu vollbringen haben? Ist es das Gebet, ist es die Tat der Barmherzigkeit?‹ Und der Weise gab zur Antwort: ›Die wichtigste Stunde ist immer die gegenwärtige Stunde, der wichtigste Mensch ist immer der Mensch, der im Augenblick gerade uns gegenübersteht, das wichtigste Werk ist immer die Liebe.‹«

Das Liebeslied und das Himmelreich

Apg 1,6–11

In der 1977 herausgekommenen Dogmatik schreibt Josef Ratzinger: »Mit dem Bildwort ›Himmel‹ benennt die christliche Überlieferung die endgültige Erfüllung der menschlichen Existenz durch die erfüllte Liebe.« Was ist Liebe? Fragen wir den Dichter. Heinrich Heine schrieb ein Lied, das Robert Schumann vertonte und dessen erste Strophe lautet:

»Im wunderschönen Monat Mai
Als alle Knospen sprangen,
Da ist in meinem Herzen
Die Liebe aufgegangen.«

Die erste Zeile ist eine Zeitangabe. Liebende kommen immer wieder auf den Anfang ihrer Liebe zu sprechen, obgleich er oft schon lange her ist und sie schon oft darüber gesprochen haben. »Weißt du noch, wie das damals angefangen hat?« Der Zauber des Anfangs ist etwas Besonderes. Eine Dame, achtzig Jahre alt, hat mich vor einigen Jahren in ihr Herz geschlossen. Das hat sie inzwischen längst bereut. Doch sie weiß noch genau den Tag und die Stunde, und sie kommt, wenn wir miteinander sprechen, immer wieder darauf zurück, wie das damals anfing.
Der Himmel ist erfüllte Liebe im Zustand des Sichverliebens, im Glücksgefühl, einander gefunden zu haben. Ein Gedicht von Goethe ist überschrieben: »Gefunden«.

»Ich ging im Walde so für mich hin,
und nichts zu suchen, das war mein Sinn.
Im Schatten sah ich ein Blümlein stehn,
wie Sterne leuchtend, wie Äuglein schön.«

Das Blümlein ist natürlich die geliebte Frau – ich ging im Walde so für mich hin, und eben da ereignet sich das völlig Unvorhersehbare, das Unkalkulierbare, das Geschenk, das Wunder. Als ich heute morgen im Studentenwohnheim darüber sprach, meinte der Hausmeister: »Es heißt ja auch in dem Lied: Wie ein Wunder kam die Liebe über Nacht.«

Die Natur ist zu keiner Jahreszeit so lieblich wie im wunderschönen Monat Mai. Dann heißt es weiter: »Als alle Knospen sprangen, da ist in meinem Herzen die Liebe aufgegangen.« Die Liebe geht in unserem Herzen auf wie eine Blume, deren Kelch sich öffnet, wenn die Sonne sie trifft. Ohne Liebe sind wir verschlossen. Wir kapseln uns ein, igeln uns ein, bauen einen Panzer um uns herum. Wir fürchten die anderen, setzen uns von ihnen ab, distanzieren uns, verschließen uns. Im Erlebnis der leidenschaftlichen Liebe haben wir plötzlich keine Angst mehr, öffnen wir uns ohne Furcht. »Als alle Knospen sprangen.« Die junge Liebe ist die Sprengkraft. Der Himmel ist die endgültige Erfüllung der menschlichen Existenz durch die erfüllte Liebe. Erfüllt wird nur, was offen ist.

In Liebe geöffnet für Gott, sind wir auch offen für die Mitmenschen. Im Himmel sind wir nicht allein. Die Bilder des Neuen Testamentes von der ewigen Seligkeit sind Bilder von der Gemeinschaft. Das himmlische Jerusalem ist eine Stadt mit vielen Bewohnern. Selig sind wir in der Gemeinschaft der Heiligen. Die Hölle dagegen kennt keine Gemeinschaft, weil der Sünder definiert

wird als homo curvatum in seipsum, als in sich selbst gekrümmter Mensch.
Die zweite Strophe in Heines Liebeslied lautet:

»Im wunderschönen Monat Mai
Als alle Vögel sangen,
Da hab ich ihr gestanden
Mein Sehnen und Verlangen.«

Der Himmel als erfüllte Liebe ist nicht einfach zu vergleichen mit der Liebe, die ein Ehepaar zeit seines Lebens verbindet, sondern eher mit der Zeit der frühen, der jungen Liebe, des Verliebtseins, mit einer Zeit also, die schnell vergeht. Goethe sagt: »Auf dem Höhepunkt der Zustände kann man sich nicht halten.« Wir wünschen zwar, daß sie ewig grün bleibe, die schöne Zeit der jungen Liebe, aber das bleibt ein frommer Wunsch.
Nach einem bekannten Bild der Geheimen Offenbarung ist der Himmel ein Chor von Heiligen, die in weiße Gewänder gekleidet vor Gottes Thron ein ewiges Alleluja singen. Das kommt uns langweilig vor. Augustinus fragt einmal: »Welche Leute singen eigentlich?« Und er antwortet: »Die musikalischen Leute und alle, die eine gute Stimme haben.« Singen auch die anderen? Und er antwortet: »Cantare solet negotium esse amantium« – das Singen ist Sache der Liebenden. Das Bild vom Gesang der seligen Geister ist also ein Bild derer, die von Liebe erfüllt sind.
»Im wunderschönen Monat Mai als alle Vögel sangen«, und dann nicht: da habe ich auch gesungen, sondern: »Da habe ich ihr gestanden mein Sehnen und Verlangen.« Da habe ich ihr bekannt, da habe ich ihr mein innerstes Geheimnis geoffenbart. Das ist die Sprache der Liebe, das ist die Sprache, die Jesus spricht: »Wer meine Gebote hält, den werde ich lieben, und mein Vater wird ihn lieben, und ich werde mich ihm offenbaren.« Jemandem seine Liebe

gestehen, heißt sich jemandem öffnen, sich jemandem offenbaren, ihm sein Innerstes mitteilen.
Das Gedicht sollten wir in der Melodie hören, die Schumann komponiert hat. Sie beginnt in einer tiefen, ruhig dahinfließenden Weise, die allmählich in eine höhere Tonlage übergeht. Doch dann steigt sie, sich rundend, nicht wieder ab, sondern bei den Worten »Mein Sehnen und mein Verlangen« bricht sie auf der Höhe ab wie eine unbeantwortete Frage, wie ein Schrei.
Alle irdische Liebe bringt nicht die letzte Erfüllung, bleibt Sehnsucht. Paul Claudel nennt das Sakrament der Ehe das Sakrament der Unmöglichkeit. Zwei Menschen versprechen sich eine unendliche Liebe, sind aber selber nur endlich. Und darum geben sie sich ein Versprechen, das sie nicht halten können. Die Liebe öffnet das Herz in einem unendlichen Winkel, erweckt einen unendlichen Hunger, aber das Geschöpf, das diesen Hunger weckt, ist nur ein endliches Wesen, kann diesen Hunger selber nicht stillen. Theodor Hecker sagt: »Alle Liebe ist auf dem Weg zu Gott rastende Liebe.«
»Mit dem Bildwort ›Himmel‹ benennt die christliche Überlieferung die endgültige Erfüllung der menschlichen Existenz durch die erfüllte Liebe.«

Das einzige Mittel gegen Einsamkeit

Joh 14,23–29

Bergmans Film »Szenen einer Ehe« füllte wochenlang die Kinos. Er ist ungewöhnlich lang, auf jeden Fall strapaziös. Man atmet auf, wenn er zu Ende ist. Der große Erfolg des Zweipersonenstückes ist schwer verständlich. In endlosen Variationen von oft quälender Monotonie erleben die Zuschauer, wie zwei Menschen sich hassen und lieben, wie sie es nicht aushalten, zusammenzubleiben, und ebensowenig in der Lage sind, endgültig aufeinander zu verzichten. Erst als sie in blinder Wut sich blutig geschlagen haben, finden sie den Mut zur Scheidung.

Der Zuschauer ist erleichtert, weil endlich eine Entscheidung gefallen ist. Aber nein, das Drama geht weiter. Beide gehen eine neue Ehe ein, ohne dabei glücklich zu werden, ohne von ihrem alten Ehepartner loszukommen. Sie sind gefühlvolle und hochintelligente Menschen, sind aufgeklärt und emanzipiert. Dennoch bleiben sie bis zum Schluß verstrickt in das schmerzliche Spiel, das immer noch »Szenen einer Ehe« heißt. Es ist, als seien sie dazu bestimmt, dazu verdammt, stets neu einander das Glück zu versprechen und zu verweigern. Der Film hat kein Ende; irgendwann bricht er ab. Der Zuschauer wird davongeschickt. Er fühlt sich aufgeschreckt und alleingelassen.

Aber ist das wirklich wahr? Sind die Menschen zu dieser unmöglichen Liebe verurteilt und damit hilflos alleingelassen? Eugène Ionesco schreibt in seinem Tagebuch: »Du bist ein Schiffbrüchiger auf hohem Meer, du schreist, niemand hört dich, du machst Zeichen, du winkst mit den Armen, mit dem Taschentuch. Winke nicht mehr. Niemand sieht dich, niemand hört dich, niemand kann dir helfen.« Kurz vor seinem Tod sagte Jesus einmal zu seinen Jüngern, er sei ihr Helfer. Und dann fügte er hinzu: »Ich werde den Vater bitten, und er wird euch einen anderen Helfer geben, damit er immer bei euch bleibt, den Geist der Wahrheit.« Was soll das heißen?

Dieses Wort »Helfer« oder »Beistand« findet sich an einer besonders wichtigen Stelle des Alten Testaments. Als Gott das Licht, die Erde und das Meer, die Tiere und schließlich den Menschen geschaffen hatte, heißt es immer: »Und Gott sah, daß es gut war.« Als Himmel und Erde vollendet waren und Gott fertig war mit seinem Werk, das er geschaffen hatte, da ruhte er aus. Aber ein wenig später stellt Gott selbst plötzlich fest, daß leider noch nicht alles gut ist, daß anscheinend noch etwas Wichtiges fehlt. Er spricht: »Es ist nicht gut, daß der Mensch allein bleibt. Ich will ihm eine Hilfe machen, die ihm entspricht.« Dann wird berichtet, daß Gott die Tiere erschuf, als ob das nicht bereits geschehen wäre. Jetzt führt er die Tiere dem Menschen zu, »aber eine Hilfe, die dem Menschen« entsprach, fand er nicht.

Danach erfolgt die Erschaffung Evas. Sie ist zunächst gar nicht die Frau als Ergänzung des Mannes, sondern einfach der zweite, der andere Mensch. Als Geschöpf der gleichen Art wird sie von Adam erkannt und als auf der gleichen Stufe stehend als Partnerin anerkannt. Der andere Mensch ist die Hilfe, die heraushilft aus dem unguten Zustand des Alleinseins. Als gleichwertiges Wesen ermächtigt er den anderen zur menschlichen Liebe, die den Menschen vollendet, weil sie Gemeinschaft ermöglicht. Erst mit der Erschaffung des anderen Menschen war das Paradies etabliert, die Schöpfung vollendet.

Aber das Paradies geht bald verloren. Der »Sündenfall« zerstört das gute und unproblematische Verhältnis zum anderen Menschen. Das Strafurteil über Eva lautet: »Unter Schmerzen gebierst du Kinder. Du hast Verlangen nach deinem Mann; er aber wird über dich herrschen.« Damit ist aber auch der andere Mensch bestraft, denn die stabile Harmonie der Gemeinschaft ist verloren. Der andere ist nicht mehr der mühelos als gleichwertig anerkannte Partner. Er hat aufgehört, schlichtweg der Helfer zu sein. Noch empfindet er Liebe, doch zugleich auch Haß, noch wirkt er anziehend, doch zugleich auch abstoßend.
Von nun an gehört zu den Existenzbedingungen jedes Menschen eine letzte, schmerzliche Einsamkeit. Er ist nicht mehr fähig, sich ganz mitzuteilen und hinzugeben. Das Paradies ist verloren, denn es ist nicht mehr möglich, in der Gemeinschaft mit dem anderen und den anderen die Erfüllung des eigenen Wesens zu finden. So wird jede Form des Zusammenlebens, auch die Ehe, zum Kompromiß, bestenfalls zu einem beständigen Fortschreiten in Richtung auf Gemeinschaft. Im ganzen Lebenswerk Paul Claudels gibt es keine Darstellung einer glücklichen Ehe. Der Dichter zeigt, daß die Existenz des Menschen ein einziger Schrei nach einem Du ist, daß dieses Du aber nur kurzfristig die Not wenden kann. Es bleibt die über alle Menschen verhängte Paradoxie, daß jedes Du sich zuletzt als unerfüllte und unerfüllbare Verheißung erweist. Der andere Mensch hilft und läßt zugleich im Stich. Im Grunde kann keine Begegnung die Einsamkeit übersteigen.
Gottfried Benns letztes Wort ist Resignation:

»An der Schwelle hast du wohl gestanden,
doch die Schwelle überschreiten, nein,
denn in meinem Haus kann man nicht landen,
in dem Haus muß man geboren sein.«

Für den Christen wird die Erfahrung der Einsamkeit zum Rückverweis auf das absolute Du, das allein in die Tiefe des eigenen Ich hinabsteigen kann, auf jenen Helfer, der allein zur Liebe befreien kann. Vor seinem Tod hatte Jesus versprochen, er werde den Vater bitten, und dieser werde einen anderen Helfer geben. Zu Pfingsten ist dieses Versprechen in Erfüllung gegangen. Die Bitte um den Geist, die Bitte um die Liebe, bleibt nicht unerhört.

Die ideale Ehefrau?

Spr 31,10–13

»Eine tüchtige Frau, wer wird sie finden?« Wir wollen über dieses berühmte Gedicht nachdenken, das von alters her dem weisen König Salomo zugeschrieben wird. Nach Auskunft der Wissenschaft wurde das Gedicht etwa um das Jahr 700 niedergeschrieben, war aber gewiß schon lange vorher von Mund zu Mund weitergegeben worden und kann darum sehr wohl von Salomo verfaßt sein, der als der größte Weise Israels galt.

Die Form des Gedichts ist dadurch bestimmt, daß die ersten Buchstaben jedes Verses untereinandergeschrieben, die genaue und vollständige Buchstabenfolge des hebräischen Alphabets ergeben. Der Inhalt des Gedichts zeichnet uns das Idealbild der verheirateten jüdischen Frau. Es ist eine Art Tugendspiegel für jedes jüdische Mädchen. Ein vergleichbares Bild gibt es im Neuen Testament nicht. Dem entspricht, daß auch in der Kirche das Lob der christlichen Ehefrau nie sehr laut gesungen wurde. Dafür ist der Heiligenkalender bezeichnend.

So gibt es unter den Heiligen auch solche weiblichen Geschlechts. An erster Stelle, in einer ersten großen Klasse sind zu nennen die virgines et martyres – die Jungfrauen und Märtyrinnen. Dann folgt die schon kleinere Klasse der virgines non martyres – der Jungfrauen, die keine Märtyrinnen waren. An dritter Stelle liegen die martyres tantum – die heiligen Damen, die nur Märtyrinnen aber nicht Jungfrauen waren. Und endlich an vierter und letzter Stelle die geringste Klasse, die nec virgines, nec martyres –

abgekürzt nec, nec, zu deutsch: weder noch, weder Jungfrau noch Märtyrin. Aber damit sind noch keineswegs die Ehefrauen gemeint, sondern die ehemaligen Ehefrauen, die heiligen Witwen. Der Titel Gattin oder Ehefrau kommt im Heiligenkalender der Mutter Kirche nicht vor.
Das bedeutet keineswegs eine Disqualifikation der Frau im allgemeinen, wohl aber ein ziemlich skeptisches Urteil über die Institution der Ehe und genauer betrachtet eigentlich ein vernichtendes Urteil über die Sexualität in der Ehe. Salomo beginnt ja auch schon sein Gedicht mit der rhetorischen Frage: eine tüchtige Frau, wer wird sie finden? Die Frage enthält die Überzeugung, daß eine wirklich tüchtige Frau eben schwer zu finden, weil selten ist. Eine tüchtige Ehefrau zu haben ist ein ungewöhnlicher Glücksfall. Aber ebenso kritisch beurteilt der weise König die Männer. Im 20. Kapitel seiner Sprüche lesen wir: »Es gibt Leute in Menge, von denen jeder seine Güte rühmt. Aber ein zuverlässiger Mann, wer wird ihn finden?«
Was ist denn nun in dem von Gott inspirierten Gedicht des Königs Salomo das Bild einer guten Ehefrau? Sie ist zuerst und vor allem eine gute Hausfrau. Sie ist sparsam und fleißig, energisch und resolut. Sie erhält und vermehrt den materiellen Wohlstand des Hauses. Insofern verdient sie das Vertrauen ihres Mannes, der ihr freie Hand in der wirtschaftlichen Verwaltung überläßt. Ihre Hand streckt sie aus nach dem Spinnrocken, ihre Hand streckt sie aus nach den Armen. Die Verse sind im Hebräischen fast gleichlautend: das eine Mal sind die Hände werktätig, das andere Mal sind sie mildtätig.
Zur äußeren Tüchtigkeit und Zuverlässigkeit kommen dann die inneren Werte: Mildtätigkeit und Gottesfurcht. Über die Furcht des Herrn wird nur mit einem einzigen Wort gesprochen. Nicht ist die Rede vom Gebet, nicht ist die Rede vom Besuch des Gottesdienstes, wogegen die

wirtschaftliche Tüchtigkeit in immer neuen Bildern beschrieben wird.

Da die orientalische Großfamilie ein unabhängiger Wirtschaftsbetrieb ist, in dem alles hergestellt wird, was die Familienmitglieder an Nahrung und Kleidung brauchen, erscheint die ideale Ehefrau als eine Art erfolgreiche Unternehmerin. Sie ist zwar Mutter, hat eine Reihe Söhne, aber es wird auch nicht herausgestellt, daß sie eine gute Mutter ist. Die Frau wird ausschließlich in ihrem Verhältnis zu ihrem Ehemann gesehen. Und dieses Verhältnis ist dann in Ordnung, wenn sie tüchtig und zuverlässig in ihrem Beruf ist, in ihrem Beruf als Hausfrau. Alles andere ist zweitrangig, folgt aus dem ersten, kann aber das erste nicht ersetzen.

Es wird uns also eine ausgesprochen praktische Frömmigkeit vor Augen gestellt. Die gute Gattin ist die zuverlässige Partnerin im Lebenskampf. Die Frömmigkeit ist nicht Weltfremdheit, Ungeschicklichkeit, ist nicht gleichzusetzen mit »zwei linke Hände haben«.

Die ideale Ehefrau? Vergessen wir nicht: Unser Text ist dreitausend Jahre alt! Unsere Situation heute ist eine andere, und Jesus hat anders über die Frauen gesprochen. Für ihn sind Frauen nicht allein durch ihr Verhältnis zu einem Mann oder durch ihre Arbeit als Hausfrau definiert. Jesus verkündet Befreiung! Leider hat seine Kirche zu oft und zu lange nicht auf ihn gehört.

Frauenskepsis

Lk 4,16–21

»Er hat mich gesandt, den Gefangenen die Freiheit, den Unterdrückten die Befreiung zu verkündigen.«
Wenn heute überall auf der Welt vielfältige Unfreiheit herrscht, liegt das nicht an dem, der die Botschaft der Freiheit verkündete, sondern an den Menschen, die diese Botschaft nicht angenommen haben. Erlöser heißt Befreier. Und Erlösung als zentrale Aussage des Evangeliums heißt Befreiung der Menschen im tiefsten und umfassendsten Sinne.
Unfrei ist der Mensch, der die in ihm gelegenen Möglichkeiten und Talente nicht entfalten und verwirklichen kann. Unfrei sind jene, die in einem Zustand sozialer oder gesellschaftlicher Benachteiligung leben. In diesem Sinne sind bei uns die Frauen und Mädchen unfrei. Verstehen wir Bildung und Ausbildung als wichtigsten Teil des Privateigentums, so gehören die Frauen zu den Armen unserer Gesellschaft.
Die Weisheit der Völker und Jahrtausende, wie sie sich etwa in einer Sammlung von Sprichworten und Zitaten niederschlägt, beurteilt die Frauen mit Ironie und Skepsis und als verstandesmäßig weniger begabte Menschen nach der Devise: »Ein großer Geist fühlt sich im Dunkeln wohl. Das Weib ist dazu da, gesehen zu werden.« Aber das Urteil der mangelnden Intelligenz hält der kritischen Prüfung nicht stand. Als Vorurteil jedoch ist es weit verbreitet und tief verwurzelt und stört den Frieden in der Familie, im Beruf, im Verein, in der Kirche.

Verhängnisvoller noch ist ein anderes Vorurteil. Der Wert eines Menschen hängt ja weniger ab von der Größe seines Gehirns als von der Größe seines Herzens. Nicht der Verstand, sondern der Charakter ist entscheidend. Nicht emanzipiert sind wir alle, insofern wir in dem Vorurteil befangen sind, Frauen seien weniger wertvolle Menschen, sie seien, wie Schopenhauer sagt, »das inferiore Geschlecht«, sie seien minderwertig und gefährlich.
Wenn schon kein vernünftiger Mensch aussprechen wird, Frauen seien dümmer, so wird noch viel weniger jemand wagen zu sagen, Frauen seien schlechtere Menschen. Und doch läßt sich die Tatsache, daß in allen Hochkulturen und fast in allen Primitivkulturen die Frau nicht über dem Mann und nicht neben dem Mann, sondern unter dem Mann steht, nur durch die Tatsache erklären, daß das weibliche Geschlecht gefürchtet wird. Mit dieser Gefahr wird man fertig, indem der Mann die Rolle des Herrn oder Pascha übernimmt und die Frau den Mann in seiner Rolle anerkennt.
Das große Symbol dafür, daß die Frau zum Verhängnis des Mannes wird, ist die Geschichte vom ersten Sündenfall in der Bibel. Ein anderes Bild ist die Geschichte von Samson und Dalila. Samson ist der gottgeweihte Mann, der mit einer Eselskinnbacke an die 1000 Philister erschlug. Seine Frau Dalila entlockt ihm das Geheimnis seiner Kraft, die in der Länge seiner Haare liegt. Sie schert ihm das Haupt und macht ihn schwach.
An diese Geschichte erinnert eine Glosse in der Süddeutschen Zeitung über die Nachricht, daß die gemeinsame Firma der Beatles vor dem Bankrott steht. Cherchez la femme – Schuld ist eine Frau, nämlich Yoko, die japanische Frau des Beatles John Lennon. Sie hat ihren Mann veranlaßt, seine Haare kurz zu schneiden und damit das Ende des »singenden Dukatenesels« herbeigeführt, denn

nicht nur in der »haarsträubenden« Musik, sondern auch in der Länge der Haare lag die Kraft der Pilzköpfe.
Das Beispiel der Beatles ist an den Haaren herbeigezogen und wird dem unheilvollen Ernst nicht gerecht, der in dem Vorurteil besteht, Frauen seien menschlich minderwertig und gefährlich. Aber gerade durch solche Satire, durch Scherze und ironische Sprüche wird das Vorurteil in verschleierter Weise ausgesagt. Die Frau wird in witziger Weise schlecht gemacht, der Witz relativiert die Aussage, aber negiert sie nur zum Teil. Dafür ein Beispiel: der schlesische Barockdichter Hoffmann von Hoffmanswaldau lobt die Frauen und schmäht sie mit der nächsten Zeile seines Sinnspruches. Aber die Schmähung scheint er zurückzunehmen durch die lustige Form der Redewendung. Er spricht von »hineinlegen« im Sinne von »überlisten« oder »übertölpeln«, und er läßt offen, ob er nicht vielmehr »hineinlegen« im Sinne von »in die Erde hineinlegen – begraben – beerdigen« meint.

»Die Frauen sind die schönste Zier auf Erden,
Ich mein' als dann, so sie hineingeleget werden.«

Man hört den Spruch und lächelt über diesen sarkastischen, kaustischen Witz und hat doch etwas abbekommen von dem Gift des Vorurteils, daß Frauen gefährlich seien und am besten aus der Welt geschafft werden sollten.
Erst auf dem Hintergrund eines solchen Vorurteils wird uns die Bedeutung der Erlösung durch Jesus Christus deutlich. Eva war es, die dem Manne die verhängnisvolle Frucht reichte. Sie mußte deswegen das göttliche Strafurteil hören: »Vermehren will ich deine Mühsal bei der Schwangerschaft! In Schmerzen sollst du Kinder gebären, und doch geht dein Verlangen hin nach dem Manne, obschon er Herr über dich sei.«
Die Unfreiheit der Frau wird also hier als Folge einer mo-

ralischen Schwäche erklärt. Indem der Erlöser Jesus Christus das Strafurteil aufhebt, wird er zum Befreier von der Herrschaft des Mannes. In der Lesung des Sonntags heißt es: »Durch die eine Taufe und in dem einen Geist sind Juden, Griechen, Freie und Sklaven, ein Leib geworden«. Indem wir alle, Männer und Frauen, den einen Geist Jesu, den Geist der Freiheit empfangen haben, sind die Unterschiede zwischen den Menschen nicht beseitigt, wohl aber die trennenden und freiheitbegrenzenden Schranken.

Wir sagten zu Beginn, daß es an den Menschen läge, wenn es überall in der Welt Unfreiheit gibt. Aber nicht alle Menschen haben die Botschaft Jesu von der Freiheit abgewiesen. Die Kirche hat zur universalen Befreiung der Menschheit den größten Beitrag geleistet, auch wenn der Augenschein dagegenspricht. Sie tat es, indem sie die Liebe als höchstes Gebot verkündete und gelegentlich auch befolgte, gemäß dem Wort des hl. Paulus: »Zur Freiheit seid ihr berufen, liebe Brüder. Darum dienet einander in Liebe, denn das ganze Gesetz erfüllt sich in dem einen Satz: Du sollst deinen Nächsten lieben wie dich selbst.«

War Jesus verheiratet?

Joh 8,1–11

Vor einiger Zeit erschien in den USA ein Buch eines gewissen Prof. Phips, das den Titel trug: »Was Jesus married?« In einer Nummer des »Spiegel« wurde das Buch rezensiert mit der lakonischen Überschrift: »Frau Jesus«. Der Verfasser geht von der Tatsache aus, daß Christus kein Halbgott und halber Mensch war, sondern ganz Gott und ganz Mensch. Zur vollen Menschlichkeit gehört, daß die Geschlechtlichkeit gelebt wird. Das höchste Gut dieser Erde, das schönste Glück für den Mann ist die Liebe zu einer Frau, die Liebe, die in der Ehe ihre Vollendung findet. Sollte Jesus daran nicht teilgenommen haben?

Freilich ist im Neuen Testament von der Frau Jesu oder von einer Ehe nicht die Rede. Aber das ist kein Beweis dafür, daß er unverheiratet war. Die Evangelisten berichten nämlich fast ausschließlich das, wodurch Jesus sich von den anderen Menschen unterscheidet. Die Ehe war für einen Mann seiner Zeit und auch für den jüdischen Rabbi eine Selbstverständlichkeit. Von den 30 Jahren, die Jesus in Nazaret zubrachte, wurde uns nur die eine Begebenheit berichtet, als Jesus als Knabe ohne die Eltern zu fragen im Tempel zurückgeblieben war.

Niemand kann mit Sicherheit ausschließen, daß Jesus in Nazaret eine Frau gehabt hatte. Wenn von ihr im Neuen Testament mit keiner Zeile die Rede ist, ist das auch nicht ungewöhnlich. Vermutlich waren alle Apostel verheiratet, mit Sicherheit war es Petrus. Das wissen wir aber auch nur, weil Jesus einmal dessen Schwiegermutter vom Fieber heilte. Von der Frau des ersten Papstes oder von seinen Kindern hören wir nicht ein Wort durch den Evangelisten.

Uns allen wird der Gedanke daran, daß Christus ein normales geschlechtliches Leben als Ehemann geführt hat, nicht nur befremdlich, sondern geradezu unsympathisch erscheinen. An diesem Punkt aber wird deutlich, daß wir tatsächlich noch in Vorurteilen über das weibliche Geschlecht und die Geschlechtlichkeit befangen sind, denn es läßt sich kein plausibler Grund dafür anführen, daß die Ehe Jesu mit seiner Heiligkeit oder Gottheit sich nicht vertrüge. Ganz offenbar sind wir weit weniger aufgeklärt und emanzipiert, als wir das gedacht haben.

Ob Jesus je verheiratet war, wissen wir nicht. Wohl aber wissen wir mit Sicherheit, daß er sich weit positiver gegenüber den Frauen verhalten hat, als das für Männer zu seiner Zeit üblich war. Die Reden eines jüdischen Wanderpredigers richteten sich nämlich ausschließlich an Männer. Bei Jesus beobachten wir, daß er immer auch Frauen anspricht. Wenn er mit einem Gleichnis aus der Männerwelt das Himmelreich erklärt, schließt er gewöhnlich daran einen Bildvergleich aus dem Leben der Frau. Ein Hirt hat ein Schaf verloren – eine Frau hat im Haushalt ein Geldstück verloren, Knechte warten mit brennenden Lampen auf den Herrn – Jungfrauen warten mit brennenden Lampen auf den Bräutigam.

Im Stile seiner Zeit hätte er seine Wundermacht nur an den Männern demonstrieren müssen. Er aber heilte auch Frauen und rief ein totes Mädchen ins Leben zurück. Einmal hat er sich lange mit einer Frau auf der Straße unterhalten. Das war völlig ungewöhnlich für einen jüdischen Mann und Rabbi. Und es wird berichtet, daß die Jünger sich darüber wunderten. Darüber hinaus war die Frau sogar eine Samariterin, die einen besonders unsittlichen Lebenswandel führte. Jesus sagte ihr auf den Kopf zu, daß sie fünf Männer gehabt habe und nun mit dem sechsten ein Verhältnis habe, ohne seine Ehefrau zu sein. Und mit der Frau läßt er sich Zeit auf der Straße, indem er sich von ihr Trinkwasser erbittet und ihr vom lebendigen Wasser erzählt.

Einmal beim Abendessen in der Männergesellschaft läßt er sich von der stadtbekannten Dirne die Füße waschen und küssen. Die empörten Pharisäer weist er zurück mit den Worten: »Ihr ist viel vergeben, weil sie viel geliebt hat«.

Schließlich noch die Geschichte mit der Frau, die man auf frischer Tat des Ehebruchs ertappt hat. Wütende Männer schleppen sie vor Jesus, um ihn zu ihrer Hinrichtung zu provozieren mit den Worten: »Mose hat geboten, die Ehebrecherin zu steinigen«. Er aber läßt den anderen den Vortritt: »Wer von euch ohne Sünde ist, der werfe den ersten Stein auf sie«. Da gehen sie stumm davon und Jesus entläßt die Frau mit der Mahnung, nicht rückfällig zu werden.

Fromme Frauen zogen mit ihm auf seinen Predigtreisen, und sie standen unter dem Kreuz, als er starb. Frauen waren es, denen er als Auferstandener zuerst erschien, allen voran Maria Magdalena, die einst das Gunstgewerbe betrieb.

Wo immer Menschen versuchten, ihr Leben in der Nachfolge Jesu zu gestalten, werden sie auch etwas von der Haltung Jesu gegenüber den Frauen übernommen haben.

In viel stärkerem Maße trug aber die Forderung der unauflöslichen Einehe zur Emanzipation der Frau bei. Sie hat wie ein Brecheisen das Gefängnis, in dem die Frau unter der Vorherrschaft des Mannes gefangengehalten wurde, aufgebrochen.

Immer und überall nämlich galt die Frau in den Augen des

Mannes als Besitzgegenstand und Eigentum, über das er verfügen konnte. Das Mädchen wurde vom Vater in die Ehe verkauft, sowohl im alten Hellas als auch in Rom und in Germanien. Das war auch so bei den Juden. Das 6. und 9. Gebot schützte nicht die Frau selbst, sondern die Frau als Eigentum des Mannes. Im 9. Gebot wird sie als ein Wertgegenstand unter anderen aufgezählt: »Du sollst nicht begehren deines Nächsten Haus, Weib, Knecht, Magd, Ochse, Esel!«. Was aber Besitz war, konnte nicht weiterverkauft werden.
Im Evangelium kamen die Pharisäer zu Jesus mit der Frage: »Ist es erlaubt, seiner Frau aus jedem Grunde den Scheidebrief auszustellen?« Einer der führenden Gesetzeslehrer zur Zeit Jesu, der Rabbi Hilel, bejahte diese Frage. So gab es für die stets ungelernten und besitzlosen Ehefrauen keine Sicherheit. Erst durch die absolute Forderung der unauflöslichen Einehe konnte die Frau als gleichwertiger Mensch und am Ende gar als gleichberechtigte Partnerin in das Blickfeld rücken.
Schließlich hat Jesus seine Ethik auf die Liebe abgestellt. Über den letzten Wert eines Menschen entscheidet nicht sein Alter, noch sein Stand, noch sein Geschlecht. Der Maßstab, an dem der Wert eines Menschen gemessen wird, ist die Liebe. Worauf kommt es denn schließlich an: »auf Glaube, Hoffnung und Liebe, diese drei. Am größten aber ist die Liebe«.

Gott ist sternenweit und hautnah

Apg 2,1–11

»Komm, o Geist der Heiligkeit, aus des Himmels Herrlichkeit sende deines Lichtes Strahl.«
Mit diesen Worten beginnt der feierliche Pfingsthymnus. Wir wollen heute die ersten Verse der Pfingstsequenz meditieren. Angeredet ist der Geist der Heiligkeit, die dritte Person in der Gottheit. Geist der Heiligkeit ist Gott, insofern er unbegreifliches Geheimnis ist. Im Gebet an den Geist wenden wir uns an Gott mit dem besonderen Bewußtsein dafür, daß er geheimnisvoll, daß er verborgen ist.
Im Hymnus wird uns in der Form der Bitte ein Bild dieses geheimnisvollen Gottes vor Augen gestellt. »Aus des Himmels Herrlichkeit sende deines Lichtes Strahl.« Gott wird angesprochen unter dem Bild der Sonne, erhaben und fern über der Welt, doch mit den Menschen verbunden durch den Strahl ihres Lichtes. Am Ostermorgen kommen die Frauen zum Grab, als eben die Sonne aufgeht. Schon die Kirchenväter sahen in der aus der Nacht aufsteigenden Sonne ein Bild für den aus dem Grab auferstehenden Christus. Rund tausend Jahre später hat Matthias Grünewald auf dem Isenheimer Altar Christus als schwebende, strahlende Lichterscheinung über dem offenen Grab gemalt.
Die Auferstehung und die Himmelfahrt Jesu versteht Paulus als Erhöhung und Vergöttlichung. Der verklärte Christus ist der König des Himmels und der Erde. Vergöttlicht, ist er nun nicht einfach mehr Mensch unter Men-

schen und insofern von uns getrennt. Im Himmel ist Christus uns fern und dennoch, insofern er Gott ist, nahe. Der Geist der Heiligkeit, den wir im Gebet anrufen, ist der geheimnisvolle Gott, den Christus als Vater geoffenbart hat, dessen Menschenfreundlichkeit in Christus erschienen ist, der uns in der sichtbaren Gestalt des Jesus von Nazaret vertraut ist. Er ist zugleich unendlich fern von uns und uns näher, als wir uns selber sind.

»Komm, o Geist der Heiligkeit!« Das »Komm« ist kein Flehruf an eine ferne Gottheit im Himmel, es richtet sich an jemanden, der nahe ist. In der Geheimen Offenbarung sagt Jesus: »Siehe, ich stehe vor der Tür und klopfe an. Wenn einer meine Stimme hört, und mir öffnet, zu dem werde ich hineingehen und das Mahl mit ihm halten und er mit mir.« Im Heiligen Geist ist uns Jesus, ist uns Gott ganz nahe. Er ist nur aus dem Raum hinausgegangen, aber nicht fortgegangen. Er ist hinter der Türe stehen geblieben. In seiner Kirchenkantate »Nun kommt der Heiden Heiland« hat Bach den Vers aus der Apokalypse wunderbar vertont. Eine Baßstimme singt die Worte Jesu »Siehe, ich stehe vor der Tür und klopfe an«. Der Sänger skandiert das Wort »klopfe« dreimal und illustriert so das Anpochen Jesu. Desgleichen wird das Baßrezitativ durch Pizzicatountermalung des ganzen Streichorchesters begleitet, was wiederum ein Bild für das Anklopfen Jesu ist. An dieses Anklopfen erinnert das dreimal wiederholte Wort »Veni« in der lateinischen Fassung des Pfingsthymnus, in der deutschen Übersetzung das Wort »Komm«.

Ist hier der dreimalheilige, sternenferne Gott, ist hier Jesus als der Allherrscher angesprochen, so geht die Bitte dahin, Gott möge sich dem Menschen, seiner Seele, seinem Herzen mitteilen. In der Heiligen Schrift und auch in der klassischen Liturgie der Kirche haben wir es mehr mit Gedanken als mit Gefühlen zu tun. Wo immer Gefühle in Worte gefaßt werden, ist die Gefahr der Sentimentalität, der falschen Pathetik, des Kitsches gegeben. In unserem Hymnus finden wir nun Worte, die für sich genommen ganz zweifellos als unecht, als übertrieben, als zu gefühlsselig abgelehnt würden, wären sie nicht verbunden mit tiefen Gedanken, wären sie nicht ausgerichtet auf das Geheimnis, das wir Gott nennen, auf den erhöhten Herrn, der im Bild der Sonne angesprochen wird. »Tröster in Verlassenheit, Labsal voll der Lieblichkeit, komm, du süßer Seelenfreund.« Das ist nur überzeugend in der Verbindung mit dem Gedanken an die Erhöhung Jesu, von dem gesagt wurde: »Er mußte dies alles leiden, um so in seine Herrlichkeit einzugehen.« Die Bezeichnung des Geistes als »Seelenfreund« ist nicht so anschaulich wie das lateinische »hospes animae«, Gast der Seele.

Wir müssen bedenken, daß hier der Geist angesprochen wird, von dem es heißt: »Der Geist des Herrn erfüllt den Erdkreis und er, der das All umfängt, kennt jede Sprache.« Er, der das All umfängt, er, der die Erde in Händen hält, er hält sie mit seinen Händen umfangen, so daß sie nicht explodiert. Er, der das All erfüllt und so allem und jedem gegenwärtig ist, bestätigt durch seine Gegenwart seine Größe. Diesen Gedanken hat Goethe in den herrlichen Vers gefaßt:

»Was wär ein Gott, der nur von außen stieße,
Im Kreis das All am Finger laufen ließe.
Ihm ziemt's, die Welt von innen zu bewegen,
Natur in sich, sich in Natur zu hegen.
Auf daß, was in ihm lebt und strebt und ist
Nie seine Kraft, nie seinen Geist vermißt.«

Die einmalige Großartigkeit des Pfingsthymnus besteht darin, daß er in vollendeter Weise die Ferne und Nähe

Gottes zusammenfaßt, seine Erhabenheit und Menschenfreundlichkeit.
In unserer Zeit lassen sich viele der alten Gebete nicht mehr ehrlich beten, weil unser Weltverständnis und Selbstverständnis sich gewandelt haben. Die Sequenz aber ist eines jener Gebete, die nie veralten. Sie kann als tägliches Gebet gesprochen werden und uns helfen, die Not unseres Betens zu lindern.

Warum Jesus Wunder wirkte

Mk 1,40–45

Die Perikope aus dem Markus-Evangelium (Mk 1,40–45) enthält den Bericht über ein Wunder. Die Tatsache, daß der als unheilbar geltende Aussatz plötzlich verschwindet, läßt sich nicht medizinisch oder psychologisch erklären. Die einzig sinnvolle Erklärung ist das Wunder, das besondere Eingreifen Gottes. Das aber wird nicht nur von Ungläubigen, sondern auch von vielen skeptischen oder kritischen Gläubigen heutzutage als unzumutbare Behauptung zurückgewiesen. Sie meinen: solche Eingriffe in den Naturzusammenhang gehören zu einem vorwissenschaftlichen, überholten Weltbild, widersprechen allen Erfahrungen und Erkenntnissen der modernen Naturwissenschaft. Der Gegensatz zwischen Wunderglaube und Wissenschaft wird offiziell im gesamten atheistischen Kommunismus gelehrt. Was aber sagen die Wissenschaftler selber dazu?

Die meisten von ihnen urteilen vorsichtiger. Der verstorbene Physiker Werner Heisenberg wurde von dem Chemienobelpreisträger Butenandt als das größte Genie naturwissenschaftlicher Forschung, das in Deutschland gelebt hat, bezeichnet. Der Physiker Pascal Jordan bemerkte dazu: »In Deutschland haben Kopernikus und Keppler, Liebig und Einstein gelebt. Nur der Naturwissenschaftler vermag sich ein gerechtes Urteil zu bilden über die Bedeutung eines Mannes wie Heisenberg.« Dennoch haben er und viele seiner Kollegen wie Karl Friedrich v. Weizsäkker, Pascal Jordan und Friedrich Dessauer sich mit den

Grenzfragen der Philosophie und Theologie beschäftigt. In seinen philosophischen Schriften hat Heisenberg immer wieder den Standpunkt vertreten: die Naturwissenschaftliche Erkenntnis ist nur ein *Teil* der menschlichen Erkenntnis. Der von uns Wissenschaftlern erforschbare Bereich der Wirklichkeit ist nur ein Teil der Gesamtwirklichkeit. »Wo Wissenschaftler anfangen zu behaupten, das Ergebnis ihrer Forschung begründe die wahre Weltanschauung, da haben sie aufgehört, als Wissenschaftler zu sprechen.«
Heisenberg erklärte anläßlich der Verleihung des Romano-Guardini-Preises: »Obwohl ich von der Unangreifbarkeit der naturwissenschaftlichen Wahrheit überzeugt bin, so ist es mir doch nie möglich gewesen, den Inhalt des religiösen Denkens einfach als einen Teil einer überwundenen Bewußtseinsstufe der Menschheit abzutun, einen Teil, auf den wir in Zukunft zu verzichten hätten.«
Diese Überzeugung Heisenbergs hängt zusammen mit seiner grundlegenden Entdeckung der Unschärfenrelation. Danach sind die Naturgesetze, die wir kennen und so erfolgreich anwenden, nicht ein Bild der Natur, sondern ein Bild der menschlichen Beziehung zur Natur. Über die Natur selbst bleibt ein undurchdringbarer Schleier gebreitet. Allem wissenschaftlichen Fortschritt zum Trotz bleibt darum die Einsicht Goethes gültig, die er im »Faust« formuliert:

»Geheimnisvoll am lichten Tag
Läßt sich Natur des Schleiers nicht berauben.
Und was sie deinem Geist nicht offenbaren mag,
Das zwingst du ihr nicht ab
mit Hebeln und mit Schrauben.«

Die Instrumente der Wissenschaft heute sind differenzierter als Hebel und Schrauben. Aber auch das Elektronenmikroskop und interplanetare Sonden geben kein Bild von der Natur, sondern nur ein Bild vom Verhältnis des Menschen zu der Natur. Daß aber die Natur, die irdische Wirklichkeit als Ganzes, daß mit ihr auch der Mensch, und zumal auch die Gestalt und Erscheinung Jesu nicht letztlich definierbar sind, sondern zum Geheimnis hin offen sind, genau das ist die zentrale Aussage der Wunderberichte in den Evangelien.

Die Überschrift des Evangelientextes vom heutigen Sonntag lautet: »Die Heilung des Aussätzigen«. Aber wenn wir genauer hinsehen, erkennen wir, daß diese Überschrift falsch ist. Das Wunder wird nur in fünf Zeilen berichtet. Das, worauf es ankommt, wird in acht Zeilen erklärt. Dieser zweite Teil des Berichts dreht sich um die Bemühung Jesu, seine Wunder nicht in die Öffentlichkeit dringen zu lassen, und um die Feststellung, daß dies vergeblich war. Warum schärft Jesus dem Geheilten ein: »Sag niemand ein Wort davon«?

Kein Zweifel, er wollte nicht als Wunderdoktor verstanden und berühmt werden. Das war nicht sein Beruf, Kranke zu heilen. Er selbst hat unmißverständlich gesagt: »Dazu bin ich gekommen, um zu predigen.« Denn die ganze Stadt Kafarnaum war vor seiner Haustür versammelt. Und er heilte viele. Aber am nächsten Morgen hat er sich in der Frühe abgesetzt von der Menge, ja, er war geflohen, hatte sich heimlich davongestohlen, und als die Jünger ihm nachkamen und erklärten: Alle suchen dich, gab er zur Antwort: »Laßt uns von hier weggehen in die Dörfer.« Heute hören wir: die Bemühung, seine Wundertaten geheimzuhalten, war eine vergebliche Bemühung, so daß er sich in den Städten nicht mehr sehen lassen kann.

Um die Bedeutung der Wunder Jesu richtig zu verstehen, müssen wir uns die Paradoxie klarmachen. Jesus sieht den Aussätzigen. Der Mann leidet an einer äußerst schmerzhaften Krankheit. Sie entstellt auch den Kranken. Finger, Zehen und Nase verfaulen am lebendigen Leib. Das Ende ist der Tod. Jesus sieht den Aussätzigen und empfindet Mitleid. Er heilt ihn. Und er heilt ihn mit der denkbar größten Leichtigkeit. Es kostet ihn scheinbar nichts. Aber nun weiß er doch, daß es noch viele solcher Kranke gibt. Jesus könnte sie mit Leichtigkeit heilen. Er tut es nicht. Im Gegenteil: er flieht vor jenen Ärmsten der Armen, die in ihm eine letzte Hoffnung und Rettung sehen. Noch einmal: Jesus wollte nicht der Wundertäter sein, sondern der Prediger des Evangeliums. »Das Reich Gottes ist nahe herbeigekommen.« »Sucht zuerst das Reich Gottes und seine Gerechtigkeit, und alles andere wird euch hinzugegeben«, auch die Hoffnung, daß *alles* heil wird.

Was aber ist die Bedeutung der Wunder Jesu nach dem Willen Jesu selber? In den Evangelien werden die Wunder nicht eigentlich Wunder, sondern »Taten« oder »Zeichen« genannt. Nicht zuletzt daraus schließen die Theologen, Jesus habe Wunder gewirkt, um zu zeigen, daß er der Messias war, um sich zu legitimieren als der gottgesandte Prophet. Tatsächlich sagt auch Jesus gelegentlich: »Ihr habt meine Taten gesehen, warum glaubt ihr mir nicht?« oder sinngemäß: »Zum Zeichen dafür, daß ihr mir glauben könnt«, geschieht dieses oder jenes.

Aber wir hören auch, daß die Pharisäer von Jesus gerade solche Zeichen der Legitimation fordern: »Gib uns ein Zeichen vom Himmel, auf daß wir glauben.« Und noch als Jesus am Kreuz hängt, sagten die Hohenpriester und Schriftgelehrten: »... steig herab vom Kreuz, daß wir dir glauben.« Jesus aber hat das abgelehnt. Er legitimiert sich nicht selbst. Er wirkt keine Wunder auf Verlangen oder Bestellung. Er wirkt auch keine Wunder als Beweis seiner Göttlichkeit. Wären sie als Beweis zu verstehen, dann wäre es nicht möglich gewesen, daß die Gegner Jesu gerade das Gegenteil aus seinen erstaunlichen Taten schließen. »Mit Beelzebub, dem obersten der Teufel, treibt er die Teufel aus.«

Aber was ist denn nun eigentlich der Sinn der Wunder Jesu? Alle Wunder stehen im Zusammenhang mit der Predigt Jesu und haben etwas Beiläufiges oder Zufälliges. Ihre Ursache ist das persönliche Erlebnis des Mitleids mit den Menschen, die ihm begegnen. Er predigt, daß Gott die Menschen liebt. Und während er predigt, geschieht es, daß diese Liebe sichtbar wird, daß da ein Kranker geheilt, ein Toter zum Leben erweckt wird.

Für jene aber, die gekommen sind, um Jesus zu hören, um von Gott etwas zu hören, die sich öffnen für Gott, für jene geschehen diese Taten wie etwas, das zur Gestalt und Erscheinung und Botschaft Jesu paßt, das sich in sie hineinfügt und das, von Jesus aus gesehen und für ihn selber, dann nicht mehr so erstaunlich und wunderbar, sondern durchaus passend und beinahe selbstverständlich ist. Die Taten unterstreichen nur, was er darstellt und was er sagt: nämlich, daß er von Gott, aus dem Geheimnis kommt, und daß in ihm Gott den Menschen nahe kommt. Genau dies aber ist das Entscheidende in allen Wunderberichten, das auch für uns heute Entscheidende.

Wir Menschen dieser Zeit, Kinder einer technisierten, wissenschaftlichen Welt, die scheinbar im Kausalzusammenhang in sich abgeschlossen ist, wir sollen erkennen, daß die Natur, die Welt offen sind und sich ins Geheimnis hinein verlieren, daß die Natur, daß der Mensch in der Natur und Wirklichkeit, daß insbesondere Jesus von Nazaret nicht aus erkennbaren Ursachen als Wirkung restlos zu erklären sind, sondern offen sind hin zum Geheimnis, zu jenem Geheimnis hin, aus dem Gott heraus uns hier und heute ansprechen und nahekommen will.

Das Wunder ist kein Glaubensproblem

Mt 14,22–23

Das Johannes-Evangelium schließt mit dem Satz: »Noch viele andere Zeichen hat Jesus gewirkt. Diese aber sind aufgeschrieben, damit ihr den Glauben habt.«
Alle Texte der Heiligen Schrift wollen den Glauben wekken und zum Glauben ermutigen. Das Evangelium vom Wandel über dem Wasser schließt mit den Worten: »Die aber im Boot waren, fielen vor ihm nieder und sprachen: Wahrhaftig, du bist Gottes Sohn.« Sie hatten gesehen, wie Jesus über das Wasser ging. Sie hatten gesehen, wie auf Geheiß Jesu Petrus über das Wasser ging. Diese Wunder hatten sie von der Göttlichkeit ihres Meisters überzeugt. Gilt das auch für uns? Sind nicht für uns Menschen einer wissenschaftlich-technischen Welt die Wunder eher ein Hindernis zum Glauben als eine Ermutigung? Im heutigen Evangelium werden uns gleich zwei Naturwunder vorgeführt. Der Gottmensch Jesus und der Mensch Petrus wandeln über dem Wasser. Versuchen wir darum zuerst die Schwierigkeiten aus dem Weg zu räumen, die uns der traditionelle Wunderglaube macht. Fragen wir darum: Was heißt heute an Wunder glauben? Ich fasse das in drei Aussagen zusammen.
1. Wunder könnten, absolut gesehen, Durchbrechung von Naturgesetzen sein, insofern Gott der Welt in Freiheit und Allmacht gegenübersteht und an Naturgesetze nicht gebunden ist.
Wir Menschen der wissenschaftlichen Welt sind von dem Kausalzusammenhang der Naturgesetze zutiefst über-

zeugt. Uns erscheint das Naturgeschehen als ein in sich geschlossenes System. Der richtige Begriff von Gott schließt ein, daß der Schöpfer und Erhalter der Dinge, der auch ihre Gesetzmäßigkeit erschuf, über diese Gesetzmäßigkeit erhaben ist. Von Gott her gesehen ist die Welt ein offenes System. Sie ist es aber auch von der Welt her gesehen. Wir können ja das Weltgeschehen gar nicht mehr anders erklären als evolutiv. Die Evolution mit ihren Mutationen und qualitativen Sprüngen, die ganz offensichtlich zielgerichtet ist und eine Entwicklung der Materie zum Leben und des Lebens zum Menschen hin beinhaltet, ist nach oben hin offen. Nichts spricht dafür, daß der Mensch als Bewußtseinsträger, wie wir ihn heute kennen, bereits das letzte Ziel der Entwicklungsgeschichte der Welt darstellt. Als Selbsttranszendenz der lebendigen Materie ist der Mensch selber ein Durchbruch durch die Naturgesetze und solchermaßen ein »Wunder«.

2. Indem Gott die Welt erschaffen hat und im Dasein erhält, hat er sich selbst zur innersten Dynamik der Welt und Geschichte gemacht und wirkt er sein Heil durch die von ihm gesetzten Natur- und Geschichtsabläufe.

Die Heilsgeschichte Gottes und die Offenbarungsgeschichte Gottes einerseits und andererseits die Weltgeschichte sind koexistent. Die Weltgeschichte ist nicht einfach identisch mit der Heilsgeschichte, weil der Mensch sich in Freiheit Gott versagen kann. Doch Gott schreibt auch auf krummen Linien gerade und wirkt sein Heil auch durch jene Geschehensabläufe, die der Mensch durch Schuld mitbestimmt hat. Als innerste Dynamik alles Weltgeschehens kann Gott sich dem Menschen vollkommen mitteilen, ohne Natur- und Geschichtsabläufe entgegen ihrer Eigengesetzlichkeit zu manipulieren.

Schon die scholastische Theologie unterschied zwischen Gott, der ersten Ursache der Welt und Gott, der sich bei der Lenkung und Erhaltung der Welt der natürlichen, der Zweitursachen bedient. Gott erschafft und erhält die Welt im ganzen ihrer Verflochtenheit. Er trägt die Kette der Ursächlichkeiten. Durch sein Handeln schiebt er sich nicht ein in diese Kette der Ursachen als eine unter ihnen, als Funktion in einem Geflecht von Funktionen. Gott ist der alles begründende Grund, der im Begründeten selber nicht vorkommt.

3. Wunder sind dort gegeben, wo für den Blick des geistigen, für das Geheimnis Gottes offenen Menschen das konkrete Zusammenspiel von Ereignissen so ist, daß er dieses Zusammenspiel als besonderen existentiellen Anruf Gottes an ihn erkennen kann. Solch ein Wunder braucht die physikalischen und biologischen Möglichkeiten nachweisbar nicht zu überschreiten.

Indem hier das Wunder als Anruf an einen Adressaten in seiner existentiellen Situation verstanden wird, als Teil des Heilswirkens Gottes an der Welt, entfällt die Möglichkeit, das Wunder als factum brutum, als Vorkommnis in einem neutralen Sachverhalt, objektiv zu registrieren.

Das Evangelium vom Seewandel ist in besonderer Weise geeignet, uns den rechten Begriff von einem Wunder Jesu zu vermitteln. Es ist Anruf an eine bestimmte Personengruppe in einer ganz bestimmten Situation ihres Lebens. Jesus entläßt das Volk und schickt die Jünger auf das Boot, auf den See. So hat er den Kreis der Adressaten festgelegt und isoliert. Ihnen und nur ihnen erscheint er als der, der über das Wasser geht. Diese Erscheinung ist, für sich genommen, noch zweideutig, und darum reagieren die Jünger mit Furcht. Sie glauben, ein Gespenst zu sehen. Dem ersten Anruf durch die Erscheinung folgt der zweite Anruf durch das Wort: »Habt Mut, ich bin es, fürchtet euch nicht.« Doch auch dieser zweite Anruf wird noch nicht verstanden. Petrus antwortet Jesus: »Wenn du es bist, so laß mich auf dem Wasser zu dir kommen.« Und Jesus sagt: »Komm her.« Petrus steigt aus dem Boot und geht auf dem Wasser und kommt auf Jesus zu. Als er aber in den heftigen Wind sieht, erschrickt er, beginnt zu sinken und schreit: »Herr, hilf mir!«

Waren im ersten Teil unserer Erzählung die Jünger im Boot die Adressaten, dann wird hier im zweiten Teil der Erzählung der einzelne Mensch, Petrus, in besonderer Weise angesprochen. Wunder sind Heilsanrede an den einzelnen Menschen in einer existentiellen Situation. Unser Text sagt es nicht ausdrücklich, aber es kann nicht anders gewesen sein: auf den Anruf hin: »Komm her«, blickte Petrus Jesus an. Er stieg aus dem Boot, ging auf dem Wasser und kam auf Jesus zu, solange er den Blick auf Jesus gerichtet hielt. Danach heißt es: »Als er aber in den heftigen Wind sah ...« In diesem Moment brach der Blickkontakt ab. Er schaute an sich hinunter auf das Wasser, sah sich auf dem Wasser stehen und sah die Unmöglichkeit seiner Situation, und in dem Augenblick begann er zu sinken. In diesem Augenblick war das Wunder für ihn kein Wunder mehr, für ihn nicht und überhaupt nicht. Dann schrie er: »Herr, hilf mir!« Wir dürfen glauben, daß er dabei versuchte, auf Jesus hinzusehen. Jesus aber streckte sogleich die Hand aus und ergriff ihn.

Deutlicher kann nicht mehr geschildert werden, daß Wunder und Gebetserhörungen interpersonale Geschehnisse sind. Unter naturwissenschaftlichem Aspekt betrachtet, kann man solche Geschehnisse, die nicht positiv erklärbar sind, als das noch nicht Erklärte auf sich beruhen lassen. Doch die naturwissenschaftliche Erkenntnismethode reicht nicht aus gegenüber dem Gesamthorizont und der Gesamtfigur des je einmaligen existentiellen Daseins eines Menschen. Der Mensch ist so geschaffen, daß er verfügt über eine eigentümliche innere Erschlossenheit und allseitige Offenheit seiner geistgeprägten Natur, aufgrund der er eine grundsätzliche Empfänglichkeit für das Jenseits seiner Erfahrungswelt hat, eine Nachbarschaft zu Gott. Freilich muß er sich diese Nachbarschaft stets offenhalten durch die Bejahung seines endlichen Daseins, das ihm eine letzte Fragwürdigkeit seiner von ihm begreifbaren Möglichkeiten bewußt macht.

Goethe hat die Geschichte vom Wandel über den See als hohe Poesie geschätzt. In seinen Gesprächen mit Eckermann macht er die Bemerkung: »In dieser Geschichte ist die hohe Lehre ausgesprochen, daß der Mensch durch Glaube und frischen Mut in den schwierigsten Unternehmen siegen werde, dagegen bei anwandelndem Zweifel sogleich verloren sei.« Damit hat Goethe etwas Richtiges gesehen, den Sinn des Textes aber total verfehlt. Ganz anders der Fürst Bismarck. Er kam eines Tages in das Arbeitszimmer eines Bekannten und sah dort an der Wand ein Bild von sich selbst. Er schaute es an, schüttelte den Kopf, drehte sich herum und zeigte auf ein anderes Bild, das den sinkenden Petrus darstellt. Er sagte: »Das bin ich.«

Die Seewandelgeschichte schildert eine Grundsituation des religiösen Menschen. Sie beschreibt die Erfahrung von Gott, von Jesus getrennt zu sein, die Erfahrung des Zweifels und der Anfechtung. Auch für den gläubigen Christen gibt es Momente, in denen ihm die Glaubenswahrheiten unwirklich und gespenstisch erscheinen mögen, so wie den Jüngern die Gestalt Jesu über dem Wasser als Gespenst erschien. Aber auch Zweifel und Anfechtung sind Anruf Gottes an uns. Durch sie hindurch hören wir die Stimme Jesu: »Habet Mut, ich bin es, fürchtet euch nicht.« Wenn wir in der letzten Not unseres Lebens rufen: »Herr, befiehl, daß ich zu dir komme«, so werden wir seine Stimme hören: »Komm her.«

Jesus und die rote Taube

Mk 6,1–6a

Jesus kommt zum ersten Mal während seines öffentlichen Wirkens in seine Vaterstadt Nazaret. Hier war er aufgewachsen, hier kannten ihn alle, denn Nazaret ist eine Kleinstadt, in der jeder jeden kennt, beobachtet und gewissermaßen unter Kontrolle hält. Von hier aus war Jesus aufgebrochen, um sich im Jordan von Johannes taufen zu lassen. Dann hatte er in Kafarnaum Aufsehen erregt durch seine Predigt und seine Wunder. Schließlich war er als Rabbi mit seinen Jüngern die 40 km von Kafarnaum nach Nazaret herübergekommen und trat in der Synagoge auf, um auch hier das Evangelium seinen Landsleuten zu verkünden. Und wieder, wie nach der Stillung des Seesturms, wie nach der Erweckung der Tochter des Jairus, stößt er bei den Menschen auf Unverständnis und Ablehnung.
Versuchen wir diese Ablehnung der Nazarener psychologisch zu erklären. Der hl. Thomas von Aquin stellt einmal die Frage: Was ist die Ursache der Liebe? Seine Antwort: Die Ursache der Liebe ist die Ähnlichkeit. Liebe entsteht, wo Ähnlichkeit wahrgenommen wird. Manche Menschen sind uns mehr und manche sind uns weniger ähnlich. Die größte Ähnlichkeit haben wir mit uns selbst, darum ist die naturhafte Eigenliebe auch die stärkste Liebe. Dann sind Eltern und Kinder und Familienangehörige uns am meisten ähnlich und werden darum normalerweise auch am meisten geliebt. Bei Mann und Frau, bei Verliebten sagt man zwar: Gegensätze ziehen sich an. Aber wenn wir der Sache auf den Grund gehen, so liebt man den anderen, weil

er zu einem paßt, weil er sich in einen selber einfügt und so irgendwie einen selber ergänzt und komplettiert.
Es bleibt dabei: Wir lieben wegen der Ähnlichkeit. Auf Unähnlichkeit reagieren wir spontan mit Ablehnung und Aggression. Das ist ein instinkthaftes Verhalten, das wir auch bei Tieren beobachten können. Tierpsychologen haben das untersucht: Nimmt man eine Brieftaube aus ihrem Schlag und steckt man sie, rot oder blau angestrichen, wieder in ihren Schlag zurück, dann fallen sofort alle anderen Tauben über sie her. Wenn sie nicht aus dem Schlag fliehen kann, wird sie totgehackt.
In Nazaret ist Jesus die angestrichene Taube. Im Bericht des Evangelisten Matthäus sind die Nazarener nach der Predigt Jesu so wütend, daß sie versuchen, ihn einen Abhang hinabzustürzen, um ihn zu töten.
Jesus erkennt, daß seine Landsleute hier instinktiv handeln und deswegen nicht schlechter sind als die anderen Menschen. Das ist überall so, sagt er. »Nirgends gilt ein Prophet weniger als in seiner Vaterstadt, bei seinen Verwandten und in seiner Familie.«
Diese Ablehnung Jesu zuerst in Nazaret, später dann bei den Schriftgelehrten und Pharisäern in Jerusalem, diese Ablehnung durch sein ganzes Volk, die zur Kreuzigung führt, hat etwas Unabänderliches, Tragisches, Schicksalhaftes an sich. So mußte es kommen, denn so sind die Menschen.
Aber dann heißt es noch in unserem Text: »Jesus wunderte sich über ihren Unglauben.« Unglaube ist nicht bloß Schicksal, Unglaube ist immer auch Schuld. Der gläubige Mensch weiß nämlich, daß Gott ganz anders ist als er selbst. Kein Mensch ist vom anderen Menschen so verschieden wie Gott vom Menschen verschieden ist. Zugleich aber weiß der gläubige Mensch, daß er nach dem Bilde Gottes erschaffen ist, daß er seine Ähnlichkeit mit

Gott entdecken, aufdecken und entwickeln muß. So sind wir als Gläubige aufgerufen, den Abwehrmechanismus gegenüber dem immer andersartigen Mitmenschen zu durchbrechen, im anderen immer auch die letzte Ähnlichkeit mit Gott und mit uns selbst zu entdecken, jene Ähnlichkeit, die nach Thomas von Aquin die Ursache der Liebe ist.

Bitte Absender nicht vergessen:
(mögl. in Druckschrift)

(Name)

(Vorname)

(Straße/Hausnr.)

(PLZ/Ort)

(Beruf)

Diese Karte habe ich dem nachstehend aufgeführten Buch entnommen:

Bitte frankieren wenn Briefmarke zur Hand

Postkarte – Antwortkarte

VERLAG

FRIEDRICH PUSTET

Postfach 11 04 41

8400 Regensburg 11

Auch anonyme Christen werden selig

Mk 6,7–13

»Wenn man euch an einem Ort nicht aufnimmt, und euch nicht hören will, geht weiter und schüttelt den Staub von euren Füßen zum Zeugnis gegen sie.«
Man könnte die Worte Jesu an seine Jünger folgendermaßen zusammenfassen: Wenn ihr das Evangelium in der *rechten* Weise verkündet, indem ihr mit Bescheidenheit, Selbstvertrauen und Gottvertrauen auftretet, dann muß man euch hören. Wer das nicht tut, macht sich schuldig, denn wo immer das Evangelium unverstellt und unverkürzt gepredigt wird, da zwingt es den Menschen zur Entscheidung, da gibt es keine Neutralität. »Wer nicht für mich ist, ist gegen mich.« Diese Alternative ist dann noch verschärft durch das Wort »wer glaubt wird selig werden; wer nicht glaubt, wird verdammt werden«.
Das scheint uns heute völlig unannehmbar, weil die meisten aller Menschen in Vergangenheit, Gegenwart und Zukunft Christus nicht kennen und infolgedessen gar keine Möglichkeit haben, sich für oder gegen ihn zu entscheiden. Die meisten Christen leben ihr Leben in passiver Neutralität. Gott oder Christus sind für sie nur Worte, die keine prägende Kraft für die Gestaltung ihres Lebens besitzen.
Wie können wir dennoch die Behauptung unseres Evangeliums verstehen, daß niemand sich ohne Schuld ihm verschließen könne, daß niemand ohne Glauben gerettet werden könne? Zunächst müssen wir tatsächlich daran festhalten, daß der Glaube an Gott, und zwar an den Gott,

den Christus geoffenbart hat und darüber hinaus auch der Glaube an Jesus Christus selber, unabdingbare Voraussetzungen sind für das Heil. Das wird uns verständlich, wenn wir bedenken, daß der Glaube sich auf Jesu Auferstehung und unsere Auferstehung richtet und als Tat und Entscheidung des lebendigen Menschen schon die anfanghafte Wirklichkeit des Heils selber ist. Das Heil ist nichts anderes als die Erfüllung und Endgültigkeit des Glaubens. Das drückt die klassische Theologie dadurch aus, daß sie vom lumen gloriae – vom Licht der Seligkeit behauptet, es sei nichts anderes als das verwandelte lumen fidei – Licht des Glaubens. Weil das Heil nichts anderes ist als die Vollendung des Glaubens, kann es durch nichts anderes erlangt werden als durch den Glauben.

Sollten wir daraus schließen müssen, der weitaus größere Teil der Menschheit sei für immer ausgeschlossen von der Erfüllung des Lebens? Das ließe sich nicht vereinbaren mit der Allmacht und Barmherzigkeit und Weisheit Gottes. Darüber hinaus steht in der Schrift der Satz: Gott will, daß alle Menschen selig werden. Christus hat am Kreuz die ganze Welt erlöst und im Abendmahlssaal gesprochen: »Das ist mein Blut, das für euch und für *alle* vergossen wird zur Vergebung der Sünden.« Der allgemeine Heilswille Gottes umfaßt alle Menschen in gleicher Weise. Sie alle sind Adressaten der Heilszusage und des Gnadenangebotes Gottes. Alle sind objektiv erlöst und gerechtfertigt noch bevor der einzelne mit freiem Willen darüber entscheidet, ob er subjektiv sich diese Erlösung zu eigen machen will durch sein Verhalten. Diese Situation, in die hinein jeder Mensch umfassend und unentrinnbar gestellt ist, besteht nicht allein in den Gedanken und Absichten Gottes. Der Heilswille Gottes hat sich vielmehr gewissermaßen materialisiert in jedem Einzelmenschen in Gestalt einer seinsmäßigen Ausrichtung auf Gott, einer existentialen Bezogenheit auf das Heil, einer Grunddynamik der Personenmitte auf das Absolute hin, einer subjektiv unausweichbaren ständigen Betroffenheit des Menschen durch das Geheimnis, das wir Gott nennen.

Wo immer nun ein Mensch nach seinem Gewissen lebt, das Gute tut und das Böse unterläßt, so weit und so gut er es in der geschichtlichen Situation, in der er sich befindet, unterscheiden kann, wo immer also ein Mensch sich solchermaßen annimmt, nimmt er auch das in ihm gegenwärtige reale Grundangebot Gottes an. Solchermaßen lebt er dann schon unbewußt ein Mindestmaß jenes Glaubens, der allein selig macht; so ist er ein anonymer Christ. Das ist der Grund dafür, daß das 2. Vatikanische Konzil lehrte, es gäbe einen schuldlosen Atheismus und daß nichtchristliche Gottgläubige, sowie auch Ungläubige und Gottesleugner nicht unbedingt vom Heil ausgeschlossen wären.

Anderseits wird nun auch deutlich, daß die Botschaft Jesu mit ihren Forderungen und Verheißungen nicht als etwas zunächst gänzlich Fremdes oder Inkommensurabeles von außen an die Zuhörer herangebracht wird, sondern im Grunde immer schon gewußt wurde und nichts anderes ist, als die Ausdrücklichkeit dessen, was man immer schon zu sein und zu hoffen sich verpflichtet fühlte. Das Evangelium ist also nichts anderes als die Thematisierung des Anspruchs, den das Menschsein an uns stellt.

Im Epheserbrief formuliert Paulus das als seine religiöse Erfahrung mit den Worten: »Gepriesen sei Gott der Vater mit Jesus Christus, durch den er uns vom Himmel her mit allem Segen seines Geistes gesegnet hat« (Eph 1,3).

Wir hätten ihn auch gekreuzigt

Joh 8,46–59

»Da hoben sie Steine auf, um nach ihm zu werfen.«
Wir halten die Menschen, von denen in Joh 8 die Rede ist, für extrem uneinsichtig, intolerant und fanatisch. Sie beschimpfen Jesus, dann brechen sie die Diskussion ab, um ihn zu steinigen. Von hier ist es nur ein Schritt bis zu dem Ruf: »Kreuzige ihn!«. Wir alle sind selbstverständlich davon überzeugt, daß wir uns an Stelle der Juden damals ganz anders verhalten hätten. Wir hätten uns von Christus belehren lassen und nicht zu den Steinen gegriffen. Wir sind aus Gott und hören Gottes Wort, hören es an jedem Sonntag und akzeptieren den Anspruch Christi, uns den wahren Willen des Vaters zu verkünden. Aber sind wir deshalb tatsächlich besser oder auch nur anders als die, die Jesus kreuzigen ließen?
Zu Beginn der Perikope fragt der Herr: »Wer von euch kann mich einer Sünde beschuldigen? Wenn ich euch die Wahrheit sage, warum glaubt ihr mir dann nicht?«
Damit beruft sich der Herr auf seine Wahrhaftigkeit. Das hatten seine Zuhörer gehört, daß er bisher stets die Wahrheit sagte. Er hatte sich ihnen immer als ehrlich erwiesen.
Dann greift Jesus seine Zuhörer an: »Wer aus Gott ist, hört Gottes Wort; darum hört ihr nicht darauf, weil ihr nicht aus Gott seid.« Das mußte die Juden verletzen. Hielten sie sich doch für das auserwählte Volk Gottes, für seine bevorzugten Kinder. Darum antworteten sie: »Sagen wir nicht mit Recht, daß du ein Samariter bist, ein Feind der

Juden und einen bösen Geist hast?« Sie hatten vermutet, daß Jesus nur im Gewand des jüdischen Rabbi auftritt, aber kein ehrlicher jüdischer Gottesgelehrter ist. Nun finden sie ihre Vermutung bestätigt. Christus ist in ihren Augen ein Lügenprophet, ein vom Teufel Besessener. Der Herr weist diesen Vorwurf zurück: »Ich habe keinen bösen Geist, sondern verherrliche meinen Vater. Wahrlich, ich sage euch, wenn jemand meine Worte hält, wird er den Tod in Ewigkeit nicht sehen.« So steigert er seinen Anspruch.

Der Widerspruch der Juden wird schärfer: »Nun erkennen wir, daß du einen bösen Geist hast. Abraham und seine Propheten sind gestorben, bist du etwa größer als sie? Zu wem machst du dich selbst?« Sie sind davon überzeugt, der böse Geist habe den Verstand des Rabbi verwirrt. Der Mann aus Nazaret, der Einzelgänger und Autodidakt ist, hat den Verstand verloren. Er ist nicht nur ehrsüchtig, er ist auch größenwahnsinnig. Auch diesen beleidigenden Vorwurf weist der Herr zurück: »Wenn ich mich selbst ehre, so ist meine Ehre nichts.«

Dann steigert er erneut seinen Angriff. Er sagt den Juden, daß sie wider besseres Wissen behaupten, Gott zu kennen. Er nennt sie Lügner und bestätigt dann, daß er tatsächlich sich für größer hält als Abraham und die Propheten: »Abraham frohlockte, daß er meinen Tag sehen würde. Er sah ihn und freute sich.« Da sprachen die Juden zu ihm: »Du bist noch nicht fünfzig Jahre alt und willst Abraham gesehen haben?«

Gewiß, die Frage ist nicht ernst gemeint, sondern höhnisch und spöttisch. Aber noch immer wäre es möglich, daß Jesus einlenkt, sich ihnen verständlich macht und in ausführlicher Rede erklärt, wie seine Worte gemeint sind. Vielleicht aber wollten die Juden den Herrn zu einer noch größeren Ungereimtheit herausfordern.

Tatsächlich antwortet er in diesem Sinne: »Wahrlich ich sage euch: Ehe Abraham ward, bin ich.« Da hoben sie Steine auf, um nach ihm zu werfen. Sie hatten sich viel gefallen lassen. Jesus hatte ihnen die Stellung als Söhne Gottes, die ihnen das Alte Testament zubilligte, bestritten. Er hatte sich selbst über Abraham und die Propheten gestellt und seine Zuhörer als Lügner bezeichnet. All das haben sie ertragen. In dem Augenblick aber, wo die Ehre Gottes angetastet wird, wo die Grenze der Lästerung überschritten wird, da verlieren sie die Selbstbeherrschung, da erwachen in ihnen Haß und Mordlust. Nein, sie handeln nicht aus niederen Motiven, sondern aus Frömmigkeit, im Eifer für Gottes Ehre und im heiligen Zorn.

Denn es steht geschrieben: Wer den Namen des Herrn lästert, der soll getötet werden, die ganze Gemeinde soll ihn steinigen. »Ehe Abraham ward, bin ich«, damit hatte sich Christus über das Gesetz vom Werden und Vergehen gestellt, dem alles Geschöpfliche unterworfen ist. Er hatte sich Ewigkeit zugeschrieben, die nur Gott vorbehalten ist. Das vollendet den Tatbestand der Gotteslästerung.

Wenn wir uns den Ablauf des Streitgespräches nun noch einmal in allen Einzelheiten und möglichst unvoreingenommen vor Augen stellen, so werden wir sicherlich nicht mehr voll naiver Überzeugung behaupten wollen, daß wir uns auf jeden Fall anders oder gar besser in der gleichen Situation verhalten hätten, in der die Juden damals standen. Statt dessen werden wir uns mit großem Ernst fragen müssen, ob wir aus Gott sind und Gottes Worte tatsächlich hören können. Was hat denn Christus von den Juden damals erwartet und verlangt? Welche Einstellung, welche Geisteshaltung wäre nötig gewesen, um an Jesu Worten nicht Ärgernis zu nehmen? Wie verhält sich der, der aus Gott ist?

Wer aus Gott ist, ist in solch radikaler Weise aufgeschlossen und offen für Gott, für die Einsprechungen des Hl. Geistes, daß er jederzeit bereit ist, sein natürliches und sicheres Selbstverständnis in Frage stellen zu lassen. So sehr er auch an sich selber, an seinen Gewohnheiten, an seinen Überzeugungen, an seinem Lebensstil und seinen Bequemlichkeiten hängen mag, so sehr er sich seiner Familie verbunden fühlt und er in das gesellschaftliche Gefüge seiner Zeit verflochten ist, so sehr ist er bereit und auch befähigt, von Gott her sich von allem zu distanzieren und auszuziehen in das Land, das Gott ihm zeigen wird.

Wer aus Gott ist, hört nicht nur, was er immer schon gewußt hat, was sein Wissen bestätigt und vertieft oder erweitert, er hört auch das vollständig Neue, das Niegewußte oder auch nur Erahnte, das ihn zwingt, zu vergessen, was er bisher für einzig wahr und richtig hielt.

»Wer aus Gott ist, hört Gottes Wort.«

Selbstgerechtigkeit hat ihn auf dem Gewissen

Mk 14,26–31

Im Neuen Testament nehmen die Leidensgeschichten eine besondere Stellung ein. In ihnen wird in chronologischem Zusammenhang erzählt, was in den letzten Erdentagen des Herrn geschah. Sie sind leicht verständlich und enthalten dennoch das Tiefste, was über Gott und die Menschen geoffenbart ist. Die vier Evangelisten erzählen die Geschichte gemäß ihrer Eigenart. Markus berichtet in knappster Form und mit beinahe unversöhnlicher Härte. Die Kreuzigung erwähnt er in einem Nebensatz. Am Ende der Ruf: »Mein Gott, mein Gott, warum hast du mich verlassen!« und dann noch ein unartikulierter Schrei. Wir hören nichts bei ihm von dem gütigen Wort an den Schächer: »Heute noch wirst du bei mir im Paradiese sein.« Markus berichtet nicht das tröstliche Wort des Gekreuzigten an seine Mutter: »Siehe da, dein Sohn.« Er weiß auch nichts von Jesu Abendgebet des Lebens: »Vater, in deine Hände empfehle ich meinen Geist.«
Wiederholt haben Dichter versucht, zu beschreiben, was geschehen würde, wenn Jesus ein zweites Mal zur Welt käme. Jedesmal endet die Geschichte damit, – am eindrucksvollsten bei Dostojewski im »Großinquisitor« – daß Jesus gewaltsam sterben muß. Und das haben die Dichter nicht schlecht beobachtet, denn Gott bleibt, wie er ist; und auch der Mensch bleibt, wie er ist.
Wie aber zeichnet der Evangelist Markus den Menschen? Er ist wankelmütig und leicht beeinflußbar. Eben noch hatte das Volk »Hosanna« gerufen und Christus wie einen

König verehrt, um dann von Pilatus, verführt durch den Haß der Pharisäer, einen Mörder statt Christus freizubitten und für Christus die Todesstrafe zu fordern. Und Pilatus fragte: »Was hat er denn Böses getan?«, da schrieen sie nur noch lauter: »Kreuzige ihn!«

Eben noch hatten die Jünger beteuert, sie würden nie an Jesus irre werden, und nur wenig später verließen sie Christus und flohen, obgleich er sie eindringlich gebeten hatte: »Könnt ihr nicht eine Stunde mit mir wachen?«

Was es mit dem Menschen ist, wird in ganz unübertrefflicher Weise offenbart in jener Szene, die mit den Worten anfängt: »Ihr werdet alle an mir irre werden, denn es steht geschrieben: Ich werde den Hirten schlagen und die Schafe werden sich zerstreuen. Da sagte Petrus: Und wenn alle an dir irre werden, ich nicht.« So ist der Mensch, selbstsicher und selbstgerecht.

Petrus hält sich für besser als die anderen Apostel. Er setzt damit die Prophezeiung des Alten Testaments ins Unrecht: »Die Schafe werden sich zerstreuen«; er setzt damit Jesus selbst ins Unrecht: »Ihr werdet an mir irre werden.« Da macht ihm Jesus klar: Du bist nicht besser als die anderen, sondern schlechter. Freilich verkündet er ihm, was geschehen wird: »Wahrlich, ich sage dir, ...« Petrus wird nicht nur in Zweifel geraten über Christus, er wird ein offenes Bekenntnis gegen ihn ablegen. Er wird das dreimal tun, und zwar heute noch, in dieser Nacht, ehe der Hahn zweimal kräht. Man sollte meinen, Petrus würde nach diesem Schlag zu Boden gehen und ausrufen wie einstmals: »Herr, gehe hinweg von mir. Ich bin ein sündiger Mensch.« Statt dessen beharrt er eigensinnig und selbstgerecht auf seiner Überzeugung: »Und wenn ich mit dir sterben müßte, ich werde nicht an dir irre werden.« Und nur wenig später – von Todesgefahr kann keine Rede sein – beginnt er vor Knechten und einer Magd am Feuer zu fluchen und zu schwören: »Ich kenne diesen Menschen nicht.«

So ist der Mensch, und das hat sich immer wieder in der Geschichte bewiesen, auch wenn wir heute geneigt sind zu sagen, das sei ein böser Trick der Kirche, den Menschen zuerst ein schlechtes Gewissen einzureden und Schuldkomplexe einzupflanzen, um dann mit dem Erlöser und Heiland zu kommen.

In seinen Erinnerungen berichtet Albert Speer wie er, ohne es selber recht zu merken, unter Hitlers Einfluß zum Verbrecher wurde, bis er schließlich zur Einsicht kam und die Todesstrafe für die gerechte Sühne hielt. Alle anderen aber, die mit ihm neun Monate lang im Nürnberger Kriegsverbrecherprozeß vor Gericht standen, kamen *nicht* zur Einsicht. Speer schreibt: »Diese neun Monate Prozeß hatten uns geprägt. Selbst Göring, der mit einer aggressiven Rechtfertigungsabsicht in den Prozeß gegangen war, sprach in seinem Schlußwort von den schweren Verbrechen, die bekanntgeworden seien, verurteilte die furchtbaren Massenmorde, für die ihm jedes Verständnis fehle, er selbst sei unschuldig.«

So ist der Mensch, daß er aus Müdigkeit und Feigheit und Hartherzigkeit in Schuld gerät, ohne sich eines Vergehens oder Verbrechens oder auch nur irgendeines Fehlers bewußt zu sein. So ist der Mensch, daß er immer wieder in Schuld gerät, weil er Liebe schuldig bleibt, Liebe schuldig bleibt gegenüber Gott und Liebe schuldig bleibt gegenüber den Menschen.

Darum ist es auch kein schlechter Brauch, wenn man vor Ostern sein Gewissen erforscht und spricht: »In Reue und Demut bekenne ich meine Sünden.«

Jeder muß daran glauben, und dennoch glaubt es keiner

Mk 16,1–8

Wer hätte es vor wenigen Jahren für möglich gehalten, daß in unserer hochrationalen modernen Gesellschaft noch einmal politische Gruppen stark werden, die mit einem irrationalen weltanschaulichen Fanatismus den Staat erobern und ihm ihre standortgebundene Theorie aufprägen wollen? Auch auf die Gefahr hin, für rechthaberisch und reaktionär gehalten zu werden, sei an Geibels Sinnspruch erinnert: »Glaube, dem die Tür versagt, / steigt als Aberglaub' ins Fenster. / Wenn die Götter ihr verjagt, / kommen die Gespenster.«

Der neuerwachte politische Messianismus, der oft mit zynischer Intoleranz und Aggressivität auftritt, bestätigt in erschreckender Weise die Einsicht der Tiefenpsychologie, daß der Mensch weit mehr durch irrationale Kräfte des Unterbewußtseins gesteuert wird, als der aufgeklärte Geist es sich träumen läßt. Diese Einsicht sollte auch zur Vorsicht mahnen im Urteil über die Religion und ihre Chancen in unserer technisierten Zeit. Wir sind offenbar mehr gefährdet, aber auch mehr gerettet, als wir wissen.

An einer hochdramatischen Stelle seines großen Dramas beschreibt Goethe, wie Doktor Faust, zum Selbstmord entschlossen, die Schale mit Gift an die Lippen setzt. Genau in diesem Augenblick hört er von den Kirchtürmen der Stadt her das volle Geläut der Glocken, die das Osterfest einläuten. »Christ ist erstanden! Freude dem Sterblichen, den die verderblichen, schleichenden, erblichen

Mängel umwanden.« Faust hält inne bei diesem lieblichen Chorgesang der Engel. Für einen Moment fühlt er sich angerührt von dem Trost, den der Glaube ihm als Kind einst schenkte. Aber dann wendet er sich entschlossen ab: »Was sucht ihr, mächtig und gelind, ihr Himmelstöne mich im Staube? Klingt dort umher, wo weiche Menschen sind. Die Botschaft hör ich wohl, allein mir fehlt der Glaube.« Das ist so mannhaft und gescheit dahergesagt. Mancher hat sich das Dichterwort zu eigen gemacht, ohne zu merken, daß er gar nicht losgekommen ist von dem Osterglauben wie weiland der Doktor Faust, der ja das Gift dann *nicht* genommen hat.

Christ ist erstanden? Freude dem Sterblichen? Freude mir? Zunächst müssen wir uns darüber klarwerden, daß die Bibel nicht behauptet, der am Karfreitag Verstorbene sei in unsere Welt der Vergänglichkeit und Vergeblichkeit zurückgekehrt. Durch Bilder und Geschichten wollen die Evangelisten deutlich machen, daß Gott das Leben Jesu von Nazaret in ein endgültiges Gerettetsein hineingenommen hat. Die Auferstehungsberichte der Bibel verweisen auf eine Wirklichkeit, die zwar jenseits unserer Alltagserfahrung liegt, aber deswegen noch lange nicht einfach unannehmbar ist für ein von den exakten Wissenschaften geprägtes Denken. Vor einiger Zeit erklärte der Nobelpreisträger für Physik, Professor Heisenberg, in einer Rede: »Obwohl ich von der Unangreifbarkeit der naturwissenschaftlichen Wahrheit in ihrem Bereich überzeugt bin, so ist es mir doch nie möglich gewesen, den Inhalt des religiösen Denkens einfach als einen Teil einer überwundenen Bewußtseinsstufe der Menschheit abzutun, einen Teil, auf den wir in Zukunft zu verzichten hätten.«

Gesetzt den Fall, es habe mit dem Leben und Sterben des Jesus von Nazaret eine besondere Bewandtnis gehabt, so bleibt doch die Frage, was das denn für *uns heute* zu be-

deuten habe. Gibt es eine unmittelbare, plausible Beziehung zwischen dem eigentlichen Inhalt der Osterbotschaft und unserem persönlichen Leben?
Junge Menschen lieben sich, heiraten und halten zusammen, tragen und ertragen einander im Alltag, und sie lieben ihre Kinder, weithin ganz unbedankt und selbstlos. Liebe, Treue, Verantwortung in Beruf und Familie sind nicht nach Gewinn und Verlust kalkuliert. Im täglichen Zusammenleben wird nicht ständig berechnet, ob das, was man mit dem Herzen investiert, sich am Ende auch rentiert. Die meisten Menschen, die so leben, glauben an das, was wir Christen ewiges Leben nennen. Sie besitzen diesen Glauben meist nicht in Gestalt eines formulierten Bekenntnisses. Noch weniger spekulieren sie auf einen Ausgleich oder Lohn im Jenseits. Ohne es zu wissen, im Sinne von Bescheidwissen, sind sie von der Überzeugung getragen, daß ihr Leben einen nicht durchschaubaren positiven Sinn hat und auf eine letzte Erfüllung hin angelegt ist. Durch dieses Urvertrauen in den ganzen und umfassenden Sinn ihres Daseins wird auch ihr Verhältnis zum Tod bestimmt.
Sigmund Freud bemerkte einmal: »Eigentlich glaubt niemand im Ernst an seinen eigenen Tod, oder, was dasselbe ist, im Grunde ist jeder von seiner Unsterblichkeit überzeugt.« Zu der gleichen paradoxen Feststellung gelangt der Arzt Walter von Bayer. In seiner Abhandlung »Psychologie am Krankenbett« führt er aus, daß Kranke häufig auch dann noch hoffen, wenn ihnen längst klar sein müßte, daß es keine Hoffnung mehr gibt, daß sie aufgegeben sind. Auch wenn sich diese Hoffnung vordergründig auf eine Heilung in dieser Welt richte, lasse sich ein über die Welt hinausgreifender Sinngehalt erahnen. »Solche Hoffnung muß verankert sein im Menschsein, das nie ohne Hoffnung sein kann. Sie weist voraus auf eine künftige Voll-

endung, die zu glauben dem Menschen auch ohne Dogma angemessen und natürlich ist.«
Die meisten Menschen wagen nicht, sich diese ihre innerste Hoffnung einzugestehen. Der offene Anspruch auf den Glauben an ein ewiges Leben kommt ihnen überheblich und egoistisch vor. Sie halten es eher für respektabel und vernünftig, damit einverstanden zu sein, ins Nichts hinein zu enden. Unauffällig abtreten, endgültig und spurlos verschwinden, die Angehörigen nicht mit der Verpflichtung zur Grabpflege belasten – so denken viele unserer Zeitgenossen und halten sich dabei für selbstlos und realistisch.
Aber sind hier nicht auch Resignation, Lebensmüdigkeit und Liebesunfähigkeit mit im Spiel? Die Verheißung einer ewigen Seligkeit hat Christus an die Erfüllung des Liebesgebotes, also an die Bewährung in der Gegenwart, geknüpft. Der Glaube an Gott, der noch über den Tod hinaus Leben schenkte, ermöglicht erst eine letzte Liebe zum Nächsten. Gabriel Marcel hat einmal gesagt: »Jemanden lieben, heißt ihm sagen, du sollst nicht sterben.« Wenn Gott die Liebe selber ist – und ein Jesuswort lautet: »Der Vater im Himmel hat euch lieb« –, dann folgt darauf mit Notwendigkeit, daß Gott dem Menschen ewiges Heil zusagt. Diese Zusage ist jedoch verbunden mit der strengen Verpflichtung zur tätigen Liebe. Weil aber jeder Mensch stets hinter dem Anspruch seines Menschseins zurückbleibt, also stets Liebe schuldig bleibt und solchermaßen schuldig wird, darum muß Gott dem Menschen auch stets neue Vergebung zusichern: »Deine Sünden sind dir vergeben.«
Hier stoßen wir auf den letzten Grund dafür, daß wir die Hoffnung auf bleibendes Gerettetsein, die in allen Menschen verborgen ist, uns nicht bewußt zu machen wagen: Wir sind nicht gut genug. Wir sind nicht der Mensch, der

ein ungebrochenes Ja zu sich sagen könnte. Was wir von uns selber und den anderen erfahren, erscheint uns nicht wertvoll genug, für immer aufgehoben zu sein.
Wenn wir dagegen unvoreingenommen und aufmerksam zur Kenntnis nehmen, was Jesus von Nazaret lehrte und lebte, dann mag uns bewußt werden: Dieser eine unter allen Menschen war das vollkommen gelungene Experiment der Welt. Sein Leben ist so geworden, daß es über den Tod hinaus bleiben mußte. Die Christen, die die Botschaft von seiner endgültigen Errettung hören, erfahren sie unbewußt als geheime Bestätigung ihrer ureigensten letzten Hoffnung. In ihm ist Wirklichkeit geworden, was sie auch für sich erhoffen.
Und die Nichtchristen? Vielleicht nehmen sie im Letzten ihr Leben auch deswegen an, weil es auf der Welt Menschen gibt, die eine absolute Hoffnung bekennen.

Und er erhöht die Aschenputtel

1 Sam 16,1–13

Die wissenschaftliche Auslegung der Hl. Schrift, die moderne Exegese, arbeitet unter anderem mit der formgeschichtlichen Methode. Sie geht aus von der Tatsache, daß die ganze Bibel von Menschen geschrieben wurde und sich die Menschen einer bestimmten literarischen Form bedienten. So unterscheidet man in der Bibel Tatsachenberichte und Reportagen von Erzählungen mit einem historischen Kern. Man kennt reine Gleichniserzählungen und Allegorien. Schließlich findet man auch Lehrstücke und Lehrgedichte, in denen Erkenntnisse in abstrakter Form vermittelt werden. Die formgeschichtliche Methode untersucht die einzelnen Gattungen und benutzt die Ergebnisse dieser Untersuchungen zur Erklärung bestimmter biblischer Texte.

Wir wollen uns heute mit der literarischen Form der Volksmärchen befassen, weil die beiden Lesestücke der heutigen Sonntagsmesse ganz offenbar märchenhafte Züge tragen.

Zunächst gilt es, das rationalistische Vorurteil auszuräumen, wonach Märchen nichts anderes sind als Unterhaltung für Kinder und kindliche Gemüter. Psychologen und Pädagogen erklären uns, daß die Märchen wichtige Aufbauelemente zur seelischen Reife der Kinder enthalten. Die Tiefenpsychologie spricht von Weisheit des Volkes, die in das kollektive Unterbewußtsein des Volkes abgesunken ist und in Gestalt von Bildern im Märchen aufbewahrt wird. Kunsthistoriker erklären das Märchen als eine

Urform der Dichtung, die den Boden für alle anderen Kunstformen vorbereiten hilft.

Nordamerikas meistgelesener Dichter W. H. Auden schreibt: »Die Art des Genusses, die das Volksmärchen uns verschafft, scheint mir ähnlich dem zu sein, den moderne Lyrik und abstrakte Malerei uns verschaffen.«

Im Mittelpunkt der Volksmärchen steht immer der Mensch und seine Begegnung mit der Welt. Fast immer erfährt der Mensch einen erstaunlichen Wandel seiner Lebensumstände: der Niedrigste gelangt an die höchste Stelle, der Minister stürzt in die Tiefe.

Dieses Motiv entspricht einem Grundgesetz, das uns in der Bibel offenbart ist. Niemand hat es schöner formuliert als Maria, die die Erhöhung an sich selber erfahren hat und darum im Magnificat Gott preist mit den Worten:

»Die Mächtigen stürzt er vom Thron
und die Demütigen erhöht er.
Die Hungernden erfüllt er mit Gütern
und die Reichen läßt er leer ausgehen.«

Auch an Jesus hat sich dieses Gesetz erfüllt, an ihm, der in einem Stall zur Welt kam und den Tod des Verbrechers am Kreuz starb. »Darum hat Gott ihn erhöht und ihm einen Namen gegeben über alle Namen, auf daß in seinem Namen sich beuge jedes Knie.«

Weil das Volksmärchen immer wieder den sozialen Aufstieg vom Knecht zum Herrn schildert, hat man geglaubt, daß es dem Wunschdenken armer Leute oder zurückgesetzter oder erfolgloser Charaktere entspränge.

Aber solche soziologischen Erklärungen greifen zu kurz. Im Märchen haben wir es zu tun mit Bildern von Umständen und Prozessen der Entwicklung des inneren Menschen, der Gesamtpersönlichkeit.

So sind die goldenen Kleider des Märchenhelden Bild für

die unsichtbare Schönheit und für den Reichtum seiner Seele. Der Kampf mit den widrigen Umständen, die Lösung von schwierigen Aufgaben, das Bestehen von gefährlichen Abenteuern, sind Bilder für den Kampf antagonistischer (d. h. entgegengesetzter) Strebungen im Menschen. Die Vermählung ist Bild für die Harmonisierung des inneren Menschen und seine Vollendung.

Schließlich ist der soziale Aufstieg des Märchenhelden, mit dem sich das Kind identifiziert, ein Anruf, über sich hinauszuwachsen, das Höchste anzustreben und auch die Versicherung, dieses Höchste erreichen zu können. Damit bringt das Märchen dem Hörer ein großes Vertrauen zu sich selbst, aber auch ein großes Vertrauen in die Umwelt. Der Prozeß der Selbstvollendung wird zwar durch die Umwelt behindert und in Frage gestellt, aber der Märchenheld erfährt letzthin doch immer auf wunderbare Weise die Hilfe der Mitmenschen und sogar der Tiere und Pflanzen. So lernt er es, seinem guten Stern zu trauen und der Welt zu vertrauen als solcher, die es letzthin gut mit ihm meint.

Die Psychologen sprechen hier von dem Urvertrauen, das aus dem Unterbewußtsein der Mutter in das Unterbewußtsein des Kindes durch Gefühlsansteckung übertragen wird. Dieses Urvertrauen ist Voraussetzung für die gesunde Entwicklung des Menschen zur harmonischen Persönlichkeit. Wo dieses Urvertrauen fehlt, wird der Mensch leicht zum ichschwachen, kontaktarmen, neurotischen und oft depressiven Sonderling.

Nun haben wir die Grundelemente des Märchens zusammen und verstehen besser die Lesungen des heutigen Sonntags.

Der Held ist der Prophet Elija, der den Auftrag hat, einen Menschen zum König zu salben, der zunächst nicht weiß, wer der von Gott Erwählte ist. Aber er wird nicht ohne

Orientierung gelassen. Er erfährt, daß einer der Söhne des Isai auserkoren ist. Da hält er den Erstgeborenen, einen stattlichen Mann, für den Gesuchten. Aber Gottes Stimme weist ihn zurück. Auch die anderen Söhne des Isai kommen nicht in Frage. Schließlich fragt der Prophet den Vater, ob er ihm alle Söhne gezeigt habe. Und da erst erinnert man sich an den Jüngsten, an David, der die Schafe hütet.

Da tritt dann endlich David in Erscheinung. Und siehe da, er ist nicht nur der Mann des guten Herzens, sondern auch blond und mit schönen Augen und gut aussehend. Er ist das Aschenputtel, das zu Ehren kommt. Er wird gesalbt und der Geist Gottes bleibt auf ihm.

Im Evangelium von der Heilung eines Blinden schließlich ist der Blinde das Aschenputtel und zwar nicht nur wegen seiner Blindheit. Die Juden hielten solch ein Leiden für eine Strafe, für eine Schuld. Seine Erhöhung beginnt damit, daß Jesus diese Diffamierung beseitigt und erklärt, weder er noch seine Eltern hätten gesündigt. Der Geheilte erweist sich dann den Pharisäern überlegen und gelangt schließlich zum Glauben an den Messias.

Wir alle sind die niedrige Magd Maria, der jüngste Sohn David, der blinde Bettler am Weg. Wir alle sind aufgerufen, über uns hinauszuwachsen und das Höchste anzustreben. Vertrauen wir unserem guten Stern!

Sind Bittgebete legitim?

Mt 7,7–11

Das Schauspiel »Mutter Courage und ihre Kinder« von Bert Brecht spielt im 30jährigen Krieg. Mutter Courage zieht als Marketenderin mit den Soldaten durch die Lande. Ihre einzige Tochter Kathrin, die stumm ist, arbeitet als Magd auf einem einsam gelegenen Bauernhof vor den Toren der Stadt Halle.
Eines Tages marschieren die katholischen, die kaiserlichen Truppen, gegen Halle, um die Stadt zu erobern. Aber diese ist befestigt mit Wällen und Türmen und kann nicht einfach im Sturm genommen werden. So zwingen die Soldaten den Bauern, ihnen einen Schleichweg in die protestantische Stadt zu verraten.
In der folgenden Nacht rücken die Truppen gegen Halle vor, um sie im Schlaf zu überraschen. Die Bauernfamilie bleibt zurück, und man überlegt und kommt immer wieder zu dem Schluß: ja, wir können nichts machen. Aus dieser Sachlage wird dann die Schlußfolgerung gezogen: wenn man nichts machen kann, kann man wenigstens beten. Und so beten sie gemeinsam, daß Gott das Schlimmste für die Bürger der Stadt verhüten möge.
Doch während des Gebets erhebt sich die stumme Kathrin. Sie steigt mit einer großen Trommel, die ein Soldat zurückgelassen hat, auf das Dach der Scheune. Und dann dröhnt ihre Trommel durch die Stille der Nacht. Sie weckt und warnt die Bürger von Halle. Doch ein Soldat der Kaiserlichen kehrt zurück und schießt auf Kathrin. Sie fällt herunter und stirbt. Aber die Stadt ist gerettet.

Diese Geschichte illustriert einen Vorwurf, der heute oft gegen das Gebet erhoben wird. Er lautet, auf eine kurze Formel gebracht: Worte anstelle von Taten. Das ist ein Mißbrauch des Gebetes. Das Gebet wird gebraucht als Alibi und faule Entschuldigung derer, die nichts wagen, nichts einsetzen, nichts hergeben wollen.

Wir müssen dazu sagen, daß tatsächlich das Gebet in diesem Sinne oft mißbraucht wird. Aber eine gute Sache wird dadurch noch nicht schlecht, daß sie mißbraucht werden kann und mißbraucht wird. Der Wein ist eine gute Gabe Gottes, Trunksucht ist eine schreckliche Sache. Dennoch wird der Wein dadurch nicht schlecht, daß er mißbraucht wird und zur Trunksucht führen kann. Alles Gute kann zum Schlechten mißbraucht werden.

Wir müssen uns freilich fragen, ob wir zu jenen gehören, die glauben, anstelle der christlichen Tat mit Gebeten und mit Worten unsere Pflicht erfüllen zu können, ob wir nach dem Gottesdienst in der gleichen lieblosen und gehässigen Weise einander begegnen auf der Straße, in der Familie, im Beruf.

Aber die Geschichte von der stummen Kathrin wird nicht nur gebraucht zur Illustration eines Mißbrauchs des Gebetes, sondern häufig heute zur Illustration eines Mißverständnisses des Gebetes.

Das Gebet der Bauersleute, so sagen manche, ist auch gar kein christliches Gebet. Diese bitten Gott, er möge helfen, wo sie nicht mehr weiter können. Gott aber, wie er von Jesus geoffenbart wurde, ist kein Lückenbüßer oder Erfüllungsgehilfe der Menschen.

Das Bittgebet der Bauern ist primitiv egoistisch. Es geht von der Vorstellung aus, mit menschlichen Worten auf Gott einzuwirken. Das ist weniger christlicher

Glaube als vielmehr Magie, frommer Zauber. Gott läßt sich nicht drängen und nötigen. Das widerspricht der Würde des christlichen Gottes.
Das widerspricht ebenso sehr dem modernen Wirklichkeitsverständnis, wonach unsere Welt ein in sich geschlossenes System von Ursache und Wirkung ist, ein System, in dem es keine Lücke gibt für wunderbare Gebetserhörungen und ein entsprechendes Eingreifen Gottes.
Eine solche Auffassung vom Gebet widerspricht schließlich auch einer allgemeinen Erfahrung, wonach Bittgebete ohne Wirkung bleiben, wenn man auf die Statistiken etwa der Straßenverkehrsunfälle oder globaler Katastrophen hinweist.
Wenn also Gebetserhörungen überhaupt nicht zur Debatte stehen im christlichen Glaubensverständnis, dann ist zu fragen, ob das Gebet überhaupt noch einen Stellenwert hat im Glaubensvollzug. Darauf antwortet man: nicht als Bitte an Gott, auch nicht als Lob oder Dank. Das alles beruht auf Illusionen und ist letzten Endes schädlich.
Was christliches Gebet ist, so sagen manche, zeigt uns allein die stumme Kathrin. Die Bauernfamilie plappert daher wie die Heiden, glaubt mit Worten auf Gott Eindruck zu machen und ihn zu einem Wunder überreden zu können. Die stumme Kathrin sitzt dazwischen. Aber sie redet nicht mit Gott. Sie denkt im Lichte des Evangeliums darüber nach, was diese Situation von ihr erfordert. Sie fragt sich, was wohl Jesus hier und jetzt tun würde. Da kommt sie zu dem Ergebnis, er würde noch eine letzte Chance zur Rettung der Stadt sehen und sie ergreifen. Da ist ja die Trommel, die der Soldat zurückgelassen hat, da ist die Leiter, die zum Dach der Scheune führt. Und schon setzt sie ihren Entschluß in die Tat um. Sie

allein zeigt, was Gebet ist. Gebet ist ein Nachdenken über seine Pflichten, zumal der sozialen Pflichten im Lichte des Evangeliums.

In der evangelischen Studentengemeinde in Braunschweig begeht man einmal im Monat anstelle jedes anderen Gottesdienstes einen sogenannten »Sonntagmorgen in der ESG«. Da kommt man zusammen bei einer Tasse Tee, um ernst und besinnlich über das Evangelium zu diskutieren. Niemand von uns wird eine solche Art von Gottesdienst geringschätzig beurteilen. Jeder von uns wäre froh, wenn mehr Studenten sich dazu aufraffen könnten.

Doch wenn solches gemeinsame Bedenken der Sache Jesu als die einzig mögliche Form eines christlichen Gebets proklamiert wird, wird der christliche Glaube verkürzt, wird ein Wesenselement des Evangeliums aufgegeben. Wir haben jedes Verständnis dafür, daß jemand ehrlich und überzeugt nicht mehr zu einem persönlichen Gott beten kann. Wir haben kein Verständnis dafür, wenn seine Auffassung als die allein christliche, unserer Zeit gemäße von ihm unduldsam vertreten wird.

Wir selber haben ja unsere Schwierigkeiten und Zweifel im Glauben. Auch für uns erscheint die Welt als ein in sich geschlossenes System, auch für uns erhebt sich stets neu die Frage, ob wir aus egoistischen Motiven Gott unseren eigenen Willen aufdrängen wollen. Auch für uns gibt es die Schwierigkeit der Statistik, wonach der Beter und der Nichtbeter gleicherweise vom Schicksalsschlag getroffen werden. Worauf es ankommt ist, den Zweifel in das Gebet hineinzunehmen, ihn selber zum Gegenstand des Gebets zu machen.

Im Evangelium kommt ein Vater zu Jesus, dessen Sohn von einem bösen Geist besessen ist. Dieser wirft ihn hin und her, schleudert ihn ins Feuer, schleudert ihn ins Wasser und droht, ihn umzubringen. Der Mann kommt zu

Jesus und bittet ihn: »Hilf, wenn du es vermagst.« Darauf fragt Jesus ihn: »Wenn du es vermagst? Alles ist dem möglich, der glaubt.« Worauf der Vater sich unter Tränen an Jesus wendet: »Herr, ich glaube, hilf meinem Unglauben.«

Dies ist ein Gebet, das unserer Situation als Christen in der Welt von heute weithin zu entsprechen scheint. »Lieber Herr, ich glaube. Hilf du meinem Unglauben.«

»Bleibt der Erde treu!«

Mt 25,31–46

Der Erlösungsglaube hat alle Energie und Aufmerksamkeit des Christen von der Gegenwart abgelenkt, um sie auf die Zukunft zu richten. Im Vertrauen darauf, daß Gott einmal den Ausgleich schaffen wird, versäumt man, mit aller Kraft Gerechtigkeit auf Erden zu verwirklichen. Mit diesem Mißverständnis des Erlösungsglaubens, mit diesem Mißbrauch von Frömmigkeit haben wir uns auseinanderzusetzen.

Erlösung ist ja nicht nur das Werk Gottes. Wir müssen daran mitwirken und sie uns durch Eigenleistung zu eigen machen. Das Himmelreich wird uns nicht als reines Geschenk in den Schoß geworfen, sondern fordert unseren Einsatz. Welche Leistung verlangt wird, sagt uns Jesus im Evangelium. Das Notwendige ist das Not-wendende. Keiner soll hungern und frieren und keiner soll in der Isolation der Krankheit allein gelassen werden.

Durch die Hoffnung auf die Zukunft wird also die Gegenwart nicht entwertet, sondern aufgewertet. Heute beschäftigen wir uns mit der Frage, ist nicht Erlösung Verhinderung von Befreiung deswegen, weil der Gläubige auf den überweltlichen Gott hin orientiert und damit vom Menschen abgelenkt wird. Bedeutet nicht die Hinwendung zu Gott, daß man dem Menschen den Rücken zukehrt? Wird alle auf den Himmel gerichtete Frömmigkeit nicht oft zu einem Feigenblatt und Alibi für mangelnde Nächstenliebe?

Nietzsche hat mit deutlichen Worten auf diese Versuchung des Christen aufmerksam gemacht. Er hat von den in den Himmel verflogenen Tugenden gesprochen und den Christen zugerufen: bleibt der Erde treu! Aber erst in unseren Tagen haben Nietzsches Worte in der Kirche eine ungeheure Resonanz gefunden.

Am Heiligen Abend 1968 drangen randalierende Studenten in die Kaiser-Wilhelm-Gedächtnis-Kirche in Berlin ein. Sie waren nicht betrunken, sie wollten den bürgerlich frommen Gläubigen einen Schock versetzen und erklären: Unser gepflegter und stilvoller Gottesdienst ist in Wirklichkeit Gotteslästerung, weil er unser Gewissen einschläfert und uns davon ablenkt, etwas gegen den Krieg in Vietnam und die Ungerechtigkeit in der Welt zu unternehmen. Später hat es dann noch vereinzelt solche Störungen von Gemeindegottesdienst gegeben, aber sie blieben ohne weittragende Wirkung.

Dann machte ein anderer Versuch, den Gottesdienst umzufunktionieren, von sich reden: das politische Nachtgebet, das zuerst in Köln stattfand. An die Stelle von Opferung, Wandlung und Kommunion treten die Hauptteile des Gottesdienstes: Information, Demonstration und Aktion. Im Mittelpunkt steht jeweils eine bestimmte Form von Ungerechtigkeit in der Gesellschaft, etwa die Ausbeutung der Lehrlinge oder die Diskriminierung der Homosexuellen. Am Ende geht es dann immer um konkrete Maßnahmen, solche Ungerechtigkeiten aus der Welt zu schaffen. Aber auch diese Form von Gottesdienst fand in den etablierten Kreisen keinen Widerhall.

Der Versuch, die Aufmerksamkeit des Christen von Gott weg und auf die menschliche Not hinzulenken, setzte dann bei einer Neuinterpretation des Evangeliums an. Die politische Theologie versuchte zu erklären, daß nicht Gott und die Seele, Christus und der Einzelmensch in der rechten Beziehung zueinander stehen. Der einzelne nämlich lebt nie für sich selbst, sondern immer auf den anderen Menschen hin oder von ihm her. Darum heißt das Programm: Entprivatisierung der Frömmigkeit, Engagement in Politik und Gesellschaftskritik.

Schließlich können wir auch die Tod-Gottes-Theologie verstehen als den radikalen Versuch, den Menschen auf den Einsatz für den Mitmenschen zu verpflichten. Man erklärt, daß Gott durch die Menschwerdung seine Wohnstatt über der Welt verlassen habe. Gerade das sei die Idee des Christentums, daß Gott sich als Mitmenschlichkeit offenbare. Wenn Jesus vom Vater im Himmel gesprochen habe, sei das ein Zugeständnis an das antike Weltbild seiner Zeit gewesen. In der Konsequenz hat jeder kultische Gottesdienst heute seinen Sinn verloren.

Tatsächlich sind die Christen im Laufe der Jahrtausende oft der Versuchung erlegen, aus Frömmigkeit lieblos zu werden. Ein zentrales Thema des 2. Vatikanischen Konzils war deshalb die Weltzugewandtheit und Menschlichkeit der Kirche Christi.

Zu allen Zeiten hat Frömmigkeit zu Weltflucht, zu Verantwortungslosigkeit gegenüber den Mitmenschen geführt. Das ist für Christen um so schlimmer, als gerade Christus durch sein Leben und Sterben diesen Mißbrauch von Religion brandmarken und ausräumen wollte. Besteht doch das Wesen der christlichen Religion in Liebe zu den Menschen.

Aus Liebe tritt Gott heraus aus seiner absoluten Unzugänglichkeit, begibt er sich in die Gesellschaft von Menschen, ja von jenen Menschen, die als verloren galten, Versager, Kranke, Analphabeten, Ausbeuter und Ausgebeutete. Nie hat die Kirche die Menschwerdung Gottes als bloße Episode in der Menschheitsgeschichte verstanden, sondern immer als bleibende Aufwertung des Menschen, und gerade des diskriminierten Menschen.

Christen verehren in einem gekreuzigten Menschen die höchste Offenbarung des verborgenen Gottes. Die Verehrung des Kruzifixes oder auch der Pièta hat nicht nur zuweilen Menschen vom Mitmenschen abgelenkt, sondern auch eine Zuwendung zum Mitmenschen bewirkt.
Das natürliche Empfinden läßt den gesunden Menschen sich abwenden von Kranken und Leidenden und von Armut und Unglück heimgesuchten Menschen. Im Blick auf den Gekreuzigten haben es Christen zu allen Zeiten gelernt, sich dem Notleidenden zuzuwenden. Das Werk der Nächstenliebe ist darum nicht nur Gottesdienst insofern, als es im Gehorsam gegenüber Gott geschieht, sondern auch insofern die Begegnung mit dem Hilfsbedürftigen selber als Begegnung mit Gott verstanden werden kann.
Das ging mir einmal auf, als ich die Lebensgeschichte des hl. Camillus von Lellis, der im 17. Jahrhundert einen Krankenpflegeorden gegründet hat, las. Den Schwerkranken seines Hospitals, die sich in Schmerzen wanden, pflegte er sich kniend zu nähern. Zunächst hielt ich das für eine jener Marotten und Kuriositäten, wie sie in den üblichen Heiligenlegenden geschildert werden. Doch dann begriff ich: der Mann sah in den schmerzverzerrten Zügen seiner Patienten jenes Haupt voller Blut und Wunden, in dem sich Gott selbst den Menschen offenbart.
Das sind nicht feinsinnige und abwegige Gedanken, sondern wirksame Motive zur Tat. Das Heidentum kannte keine Waisenhäuser und Hospitäler und institutionelle Armenfürsorge. Das Heidentum kannte keinen Respekt vor der Frau als dem Manne gleichwertiges Wesen. Im Recht des römischen Reiches konnte der pater familias das unerwünschte Mädchen, das ihm geboren war, töten, ohne dafür zur Rechenschaft gezogen zu werden. Die Wertschätzung des Kindes kommt von der Tatsache, daß Gott selbst ein Kind wurde, und Jesus sagt: »Wer eines der

Kleinen in meinem Namen aufnimmt, nimmt mich auf.« Niemand ist weniger frei, ist abhängiger als ein Kind. Wie sich Jesus hinter das schutzbedürftige Kind stellt, so stellt er sich in der Gerichtsrede des heutigen Evangeliums hinter jeden Menschen, der der Hilfe bedarf. Wieder erkennen wir: Erlösung ist wahrhaftig ein Mittel zur Befreiung. »Was ihr dem geringsten meiner Brüder getan habt, das habt ihr mir getan.« An die Tat der Befreiung ist dann auch der Lohn gebunden: »Kommt, die ihr von meinem Vater gesegnet seid und nehmt das Reich in Besitz, das euch von Anbeginn der Welt bestimmt ist.«

Konservativ und zugleich progressiv

Joh 17,20–26

»Daß sie alle eins seien.«
Unter den Geschichten des Herrn K. von Bert Brecht findet sich auch die folgende: Herr K. traf einen alten Bekannten, der ihn viele Jahre nicht gesehen hatte und ihn begrüßte mit den Worten: »Sie haben sich aber gar nicht verändert«. »Oh«, sagte Herr K. und erbleichte.
Diese Reaktion überrascht. Wir fassen es gewöhnlich als Kompliment auf, wenn man uns sagt, wir hätten uns nicht verändert. Brecht macht uns aufmerksam, daß es unsere Pflicht ist, ein anderer, ein besserer Mensch zu werden. Leben ist Bewegung, Veränderung, Verwandlung. Stillstand bedeutet Tod. Je schwächer die Lebenskraft in einem Menschen ist, umso geringer ist seine Beweglichkeit und Veränderungsbereitschaft. In einem Gedicht von Annette von Droste-Hülshoff heißt ein Vers:

»Wir alten Knaben,
wir müssen sachte traben,
die Kirchhofsblumen blühn.«

Aber auch die geistige Beweglichkeit nimmt ab im Alter. Alt ist man, wenn man nichts mehr dazulernt, keine neuen Erkenntnisse aufnimmt, um sich unter ihrem Eindruck zu ändern und zu wandeln, wenn man sich mit einem bestimmten Vorrat von Ideen und Werturteilen fest eingerichtet hat. In diesem Sinne ist das Alter unabhängig von der Zahl der Jahre, und mancher ist als Student schon vergreist und versteinert. Umgekehrt ist es ein Zeichen von Jugendlichkeit und Lebenskraft, wenn man aufgeschlossen ist für das Neue und Niedagewesene und sich von ihm bestimmen läßt. Veränderungsbereitschaft ist also ein Imperativ des Lebens selber. Angelus Silesius sagt:

»Freund, wenn du etwas bist, so bleib doch ja nicht stehn,
du mußt von einem Licht zu anderen weitergehen.«

Der hl. Paulus ermahnt uns: »Wandelt euch durch ein neues Denken.« Solche Wandlung heißt immer auch Altes und Vertrautes aufgeben, heißt schmerzlicher Verzicht. Aber ohne ihn gibt es kein Leben.

»Und solange du dies nicht hast,
dieses Stirb und Werde,
bist du nur ein trüber Gast
auf der dunklen Erde.«

Schärfer als Goethe formuliert es Jesus: »Wenn das Samenkorn nicht stirbt, bleibt es allein, wenn es aber stirbt, bringt es viele Frucht.« Veränderungsbereitschaft ist Zeichen von Lebenskraft. Wer sich selbst verändert hat, sieht die Welt anders, denn wir erkennen die Dinge immer in der Weise, wie wir selber sind.

Gott ist lebendig und zugleich unwandelbar. »Wie du warst vor aller Zeit, so bleibst du in Ewigkeit.« Der Mensch aber wandelt sich, solange er lebendig ist, und mit ihm wandelt sich das Bild, das er von Gott besitzt.

So ist es richtig, hinzuhören, wenn man uns sagt, Gott ist anders, Jesus war anders. Nur indem wir auf den Andersgläubigen hören und auf seine Gedanken eingehen, werden wir zusammenfinden.

Änderungsbereitschaft und Wandlungsfähigkeit sind Zeichen von Lebenskraft, können aber auch Zeichen von Lebensschwäche sein. Der Baum, der im Herbst sein Laub verliert, beweist seine Lebenskraft dadurch, daß er Platz schafft für neue Blätter, neue Blüten, neue Früchte. Ein anderer Baum verliert seine Blätter, weil er alt und morsch ist, weil er innerlich abgestorben ist. Dem Baum kann man es äußerlich ansehen, warum er sich wandelt. Beim Menschen sieht man nicht sogleich, ob seine Veränderung aus Lebenskraft oder aus Lebensschwäche erfolgt.

Leben will Verwandlung als Mittel, um sich selbst zu erhalten. Der Lebenskraft, die auf Verwandlung abzielt, steht entgegen die Lebenskraft, die sich im Sein erhalten will. Die Kraft der Verwandlung und die Kraft der Beharrung stehen in Spannung zu einander. Und nur wo diese Spannung herrscht, kann Leben sich entfalten. Leben ist also auch Beharrungsvermögen, Leben heißt also auch, dem Gesetz treu bleiben, unter dem man angetreten ist. Das gilt für das biologische Leben, das gilt für das geistige Leben. Ein tiefsinniges Gedicht Goethes trägt den Titel: »Vermächtnis«. Es beginnt mit den Worten:

»Kein Wesen kann zu nichts zerfallen.
Das Ew'ge regt sich fort in allem,
Am Sein erhalte dich beglückt.«

Wie Gott ewig ist, so haben auch seine Geschöpfe teil an seiner Ewigkeit. Der Mensch lebt glücklicher in der Hinwendung auf das Beständige und Bleibende, als in der Hinwendung auf das Vergängliche und stets Neue. Im zweiten Vers fährt Goethe fort:

»Das Wahre war schon längst gefunden,
Hat edle Geisterschaft verbunden,
Das alte Wahre, faß es an!
Verdank es, Erdensohn, dem Weisen,
Der ihr, die Erde zu umkreisen,
Und den Geschwistern wies die Bahn.«

Wie Gott der Erde und ihrer Schwester, dem Mond, die Bahn um die Sonne wies, so bestimmte er dem Menschen seine rechte Lebensbahn. Dieser findet sie nicht in dem stets Neuen, jeweils Heutigen. Das Wahre war schon längst gefunden in dem, was die Väter und Generationen vor uns gedacht, erkämpft und erlitten haben. In der geistigen Kontinuität, in der Verwurzelung in der Vergangenheit, findet der Mensch die Orientierung, die rechte Lebensbahn. Das alte Wahre, faß es an! Gilt das für menschliches Leben im allgemeinen, so gilt es für das Leben in der Kirche besonders. Denn die Kirche versteht sich als eine Gemeinschaft, die durch die Zeit hin vom Hl. Geist erleuchtet und geleitet wird.
Wenn dann nun ein Pastor aus Hamburg kommt und sagt uns, Jesus war anders, so hören wir gerne zu. Aber dann erklärt er: Religion haben, heißt an einen Herrgott glauben, aber nur der glaubt an einen Herrgott, der zu schwach ist, seine Lebensangst zu ertragen. Religion ist Ausdruck von Ich-Schwäche. Christus wollte den Menschen helfen, daß er keinen Herrgott brauche. Er wollte Religion abschaffen. Daraus folgt: Jesus war nur ein Mensch.
Wir wollen hierzu nichts anderes sagen als dies: zum Leben gehören Veränderungsbereitschaft und Beharrungsvermögen. Geistiges Leben steht in einer notwendigen Beziehung zur Vergangenheit. Das alte Wahre, faß es an! Der Christ lebt in einer vom Hl. Geist erhellten Tradition. Kein Volk der Erde lebte ohne jede Form von Religion. 2000 Jahre verstand sich Christentum als die Religion schlechthin. Auf jeder Seite der Bibel ist von Gott dem Herrn die Rede. Jesus wurde zu allen Zeiten verstanden als die Erscheinung Gottes in Raum und Zeit.
Angesichts dieser Tatsache kann es nur als naiv erscheinen, aus fragwürdigen Voraussetzungen eine Form von Christentum zu erschließen, die es nie gegeben hat. Geistiges

Leben schließt Beharrungsvermögen ein. Das heißt für den Menschen, eine Grundüberzeugung zu haben, sie zu vertreten und zu verteidigen, auch wenn er damit bei den anderen nicht ankommt, auch wenn er durch sie elend und einsam wird. Der Diakon Stefanus war der erste Christ, der diese Glaubensüberzeugung mit dem Tod besiegelte.

Seid nicht ängstlich besorgt wie Dr. Faust

Mt 6,24–34

Das Evangelium von den Lilien des Feldes und Vögeln des Himmels gehört zu den bekanntesten Texten des Neuen Testamentes. Es verkündet in unüberbietbarer Eindringlichkeit das Vertrauen auf Gott und den Glauben an die göttliche Vorsehung. »Sorgt euch nicht um euer Leben, was ihr essen sollt, noch um euren Leib, was ihr anziehen sollt. Wer von euch kann mit all seiner Sorge sein Leben auch nur um einen Tag verlängern? Und was sorgt ihr euch um eure Kleider? Macht euch also keine Sorgen. Sorgt euch also nicht um den morgigen Tag, denn der morgige Tag wird für sich selber sorgen.«

Wollen wir die bezwingende Macht unseres Textes verstehen, müssen wir begreifen, welch verhängnisvolle Rolle die Angst und die Sorge in unserem Leben spielen. Nach Heidegger ist die Angst die Grundbefindlichkeit des Menschen unserer Zeit.

Die zerstörerische Kraft der Sorge hat Goethe in seinem Drama »Faust« in vollendeter Weise dargestellt. In diesem Werk geht es um die Frage: Wie wird der Mensch in diesem seinem Leben glücklich? Kann er überhaupt Frieden finden, oder ist Friede nur eine Verheißung für das Leben nach dem Tod? Faust ist ein ungläubiger Mensch. Und doch singen die Engel bei seinem Tod: »Wer immer strebend sich bemüht, den können wir erlösen.« Für das Leben auf dieser Welt scheint es keinen Frieden zu geben. Was aber am meisten den Frieden des Menschen stört, ist die Sorge.

Das zeigt Goethe in seinem Drama in der folgenden Szene: Faust muß am nächsten Morgen sterben, er weiß es nicht. Es überkommt ihn die Sorge, sein Werk nicht vollenden zu können. Die Szene ist überschrieben mit den Worten: »Die tiefe Nacht«. Da singt auf der Schloßwarte der Türmer das Lied von der Lebensfreude und erklärt, daß die eigentliche Freude an der Welt vor allem durch die Augen in das Herz der Menschen dringt. »Zum Sehen geboren, zu Schauen bestellt, dem Turme geschworen, gefällt mir die Welt ... Ihr glücklichen Augen, was je ihr gesehn, es sei wie es wolle, es war doch so schön.«
Die nächste Szene ist dann überschrieben »Mitternacht«. Faust kann nicht einschlafen, die Sorge läßt ihm keine Ruhe. Vier graue Weiber treten auf. Der Mangel, die Schuld, die Not und die Sorge. Und die Sorge spricht:

»Ihr Schwestern, ihr könnt nicht und dürft nicht hinein.
Die Sorge, sie schleicht sich durchs Schlüsselloch ein.
Es ziehen die Wolken, es schwinden die Sterne.
Da hinten, da hinten, von Ferne, von Ferne,
da kommt er, der Bruder, da kommt er, der Tod.«

Faust spricht darauf im Schlafgemach seines Palastes:

»Vier sah ich kommen,
drei nur gehn.
Den Sinn der Rede
konnt ich nicht verstehn.
Es klang so nach,
als hieß es Not.
Ein düsteres Reimwort folgte: Tod.
Es tönte hohl, gespensterhaft, gedämpft,
Noch hab ich mich ins Freie nicht gekämpft.«

Hiermit wird gleich zu Anfang die tiefste Sorge des Menschen vorgestellt, die Sorge, den Auftrag des Lebens nicht

vollenden zu können. Faust ist alt, und er muß befürchten, bald zu sterben. Da überkommt ihn die Sorge, er könne sein Werk nicht vollenden. Das ist die tiefste Sorge des Menschen, daß er nicht fertig wird. Und in der Tat: er wird nie fertig. Der Tod kommt immer zu früh.
Danach spricht in Goethes Drama die Sorge von ihrer Macht über das Menschenherz und von der Ohnmacht des Menschen, sich der Sorge zu erwehren.

»Würde mich kein Ohr vernehmen,
Müßt es doch im Herzen dröhnen.
In verwandelter Gestalt
Üb' ich grimmige Gewalt.
Auf den Pfaden, auf der Welle,
Ewig ängstlicher Geselle,
Stets gefunden, nie gesucht,
So geschmeichelt wie verflucht.
Hast du die Sorge nie gekannt?«

Das ist die Frage an Faust. Seine Antwort ist trotzige Lebensbejahung. Er lebte den trotzigen Existentialismus, der in unseren Tagen von Jean Paul Sartre und besonders von Albert Camus formuliert worden ist, die trotzig-tapfere Bejahung eines Lebens, das absurd ist und keinen inneren Frieden kennt.
Doch der Trotz des Faust macht auf die Sorge keinen Eindruck. Das graue Weib erklärt ihre Rolle im Leben des Menschen als eigentlicher Gegenpol zu Frieden und Glücklichsein. Der Mensch der Sorge lebt in der Zukunft und wird niemals fertig. In Sorge ist er so für die Zukunft interessiert, daß ihm die Gegenwart und damit Leben unter der Hand verlorengehen. So erklärt die Sorge ihre eigentliche Wirkung auf den Menschen. Sie macht ihn unsicher, wie Blindheit unsicher macht. Der

Mensch verliert die Orientierung wie in der totalen Finsternis. Seine depressive Stimmung ist eine Art Vorgeschmack der Hölle.
Auch davon ist Faust nicht beeindruckt:

»Doch deine Macht, o Sorge, schleichend groß,
Ich werde sie nicht anerkennen.«

Darauf die Sorge:

»Erfahre sie ...«

Das graue Weib tritt auf Faust zu und haucht ihm ins Gesicht. Da erblindet Faust.
Die Sorge macht blind und deswegen zutiefst unglücklich, weil die Schönheit und Freude des Lebens durch die Augen in das Herz des Menschen eintreten. Auf diesem Hintergrund erst verstehen wir die Bedeutung der Worte Jesu: »Seht, die Lilien des Feldes, seht, die Vögel des Himmels.« Das ist mehrfach ein Hinweis auf die Schönheit und Sinnhaftigkeit und Ordnung der Natur.
Schauen wir uns die Texte der Sonntagsmesse (8. Sonntag i. J., Lesejahr A) im Zusammenhang an. Das Gebet lautet: »Allmächtiger Gott, deine Vorsehung bestimmt den Lauf der Dinge und das Schicksal der Menschen. Lenke die Welt in den Bahnen deiner Ordnung.«
In der Lesung aus dem Propheten Jesaja heißt es: »Würde selbst eine Mutter ihr Kind vergessen, ich aber vergesse dich nicht.« Dem Menschen in Sorge scheint es, als ob Gott ihn verlassen, als ob Gott ihn vergessen habe. Gott aber kann ihn nicht vergessen.
Es folgt als Zwischengesang ein Psalm, der zu den innigsten Gebeten des Alten Testaments gehört. »Nur zu Gott hin wird still meine Seele.« Zur Welt hin, zum Menschen hin bleibt die Seele unruhig, bleibt sie ängstlich und voller Sorge. Nur zu Gott hin wird still meine Seele.

Im Evangelium begründet Jesus die christliche Sorglosigkeit in dreifacher Form.
Zunächst: Bedenkt, wie wenig ihr mit eurer Sorge ausrichten könnt. Menschliche Kräfte sind begrenzt. Gottes Kraft ist unendlich.
Danach: »Seht, die Lilien des Feldes, die Vögel des Himmels.« Der Schluß vom Geringeren auf das Größere. »Wenn Gott schon das Gras so prächtig kleidet, um wieviel mehr euch, ihr Kleingläubigen.« Die Sorge ist eine Form von Mangel an Glauben.
Schließlich: »Euer himmlischer Vater weiß ja, daß ihr das alles braucht.« Ihr braucht es ihm nicht zu sagen, ihr braucht ihn noch weniger zu bitten. Könnte eine Mutter ihr Kind vergessen, der Vater im Himmel kann euch nicht vergessen. Zu diesen drei Argumenten kommt ein viertes: Alles Vergängliche ist relativ, nur das Ewige ist absolut. »Suchet zuerst das Reich Gottes und seine Gerechtigkeit.«
Für das von der Sorge gezeichnete und darum zutiefst friedlose und unglückliche Leben gibt es kein anderes Heilmittel als das Vertrauen auf Gott und seine barmherzige Vorsehung. »Nur zu Gott hin wird still meine Seele.«

Das Drama »Der König stirbt«

Mt 9,18–21

Es gab eine Zeit, in der die welken Blumen, die wirbelnden Blätter, die im Herbst sterbende Natur, den Menschen an sein eigenes Sterben erinnerten. Diese Zeit ist vorbei, und wir trauern ihr nicht nach. Der moderne Stadtmensch hat die wache Verbundenheit mit der Natur weithin verloren. Wir erinnern uns selten daran, daß wir sterben müssen und suchen die Erinnerung daran mit allen Mitteln zu verdrängen.

Und doch gilt: Der Mensch wird daran gemessen, wie er über den Tod denkt und wie er den Tod besteht. Wir können ihn nicht nur als das natürliche Ende alles Lebendigen verstehen, ihn nicht verbrämen oder verkleiden als Bruder des Schlafes oder als Fährmann, ihn nicht begrüßen als Erlöser von Krankheit und Lebensmüdigkeit. Für uns gilt, was der französische Philosoph Jean-Paul Sartre einmal schrieb: »Le faux, c' est la mort.« – Das Falsche ist der Tod, das schlechthin Unannehmbare. Wir verstehen Thomas Mann, der den Patriarchen Jakob sprechen läßt: »Ich speie ihn aus, denn er ist nichts für mich.«

Die Angst vor dem Tod hat in der modernen Literatur wohl niemand eindringlicher und überzeugender dargestellt als der Dichter Eugen Ionesco in seinem Drama: »Der König stirbt«. Das Schauspiel beginnt mit der Frage, die sich die Königin, die Geliebte des Königs und der Arzt stellen: Wie sagen wir es ihm, wie bringen wir es ihm bei, daß er in eineinhalb Stunden sterben muß?

Denn der König ahnt nichts von seinem nahen Tod. »Er ist

wie ein Reisender gewesen, der in der Herberge hängenbleibt und vergißt, daß die Herberge nicht das Reiseziel ist.« Zunächst begreift der König überhaupt nicht, daß es um ihn geht. Auf die Worte: »Majestät, Sie müssen sterben«, gibt er zur Antwort: »Aber das weiß ich doch. Das müssen wir alle. Erinnern Sie mich daran, wenn es soweit ist. Was ist das für eine Art, mich gleich am frühen Morgen mit Unannehmlichkeiten zu unterhalten.«

Die Königin muß deutlicher werden: »Du stirbst in eineinhalb Stunden.« Der Arzt fügt hinzu: »Ihr Frühstück morgen früh erleben Sie nicht mehr. Schon das heutige Abendessen nicht. Der Koch hat das Gas abgestellt. Er gibt seine Schürze zurück, er legt Tischtuch und Serviette auf Ewigkeit in den Wandschrank.«

Der König beginnt, sich zu fürchten. Zunächst noch nicht vor dem eigenen Tod, an den er nicht glauben kann. Er beginnt, sich zu fürchten vor den anderen. Seine Angehörigen und der Arzt erscheinen ihm fremd und gefährlich. Seine Schwäche nimmt sehr schnell zu, sein Körper will ihm nicht mehr gehorchen, er wehrt sich, er sträubt sich und doch muß er schließlich im Rollstuhl Platz nehmen.

Allmählich beginnt er, sich über seinen wahren Zustand klar zu werden. Der Arzt hilft unbarmherzig nach: »Wir werden den Verlust Eurer Majestät sehr bedauern. Ich verspreche Ihnen, daß es sich herumspricht.«

Erst jetzt wird der König von Todesangst erfaßt. Sein Haar wird ganz plötzlich weiß. Die Furcht treibt ihn um. »Ist das Volk auf dem laufenden? Habt ihr es unterrichtet? Alle sollen es wissen, daß der König stirbt.« Dann bricht er zusammen und winselt: »Vielleicht ist es gar nicht wahr. Sag mir, daß es nicht wahr ist. Es ist ein Alptraum.« Die anderen schweigen. Wieder bäumt er sich auf: »In Todesgefahr wehrt sich selbst die kleinste Ameise. Sie ist verlassen, sie ist plötzlich aus ihrer Gemeinschaft gerissen. Auch in ihr stirbt die ganze Welt.« Der Kranke flieht in den Wunsch, ein Kind, ein Schuljunge, zu sein. Denn das Kind hat das Leben noch vor sich. »Wieviel ist 2 × 2? Sie hat mir vorgesagt. Leider kann man nicht mogeln, leider!«

Im Bewußtsein seines nahen Endes erscheint die Welt dem König plötzlich in ihren hellsten Farben. Der unvermeidliche Abschied und Verlust läßt ihm die trivialsten Dinge kostbar werden und inspiriert ihn zu einem Hymnus auf die Schöpfung:

»Wie wunderbar, du findest auf dem Markt Eßwaren in allen Farben: grünen Salat, rote Kirschen, goldene Trauben, der ganze Regenbogen. Erstaunlich, unglaublich, ein Märchen. Alles ist in Bewegung. Ihr sprecht und werdet angesprochen; ihr faßt an und werdet angefaßt. Ein Zauber, ein ununterbrochenes Fest.« Dann klagt der König, und wann wäre die Klage über die Vergänglichkeit ergreifender formuliert worden: »Ach, was zu Ende geht, ist schon zu Ende.« Darauf folgt ein neuer Wutanfall: »Ohne mich? Ohne mich! Sie lachen, sie fressen, sie tanzen auf meinem Grab!«

In seiner Not findet der Sterbende großartige Worte und doch verzweifelt er. »Sonne, Sonne, mach alle Gräber hell. Dring in alle dunklen Löcher und Verstecke.« »Ich will sagen, daß ich sterbe, aber es gelingt mir nicht, das zu sagen. Statt dessen mache ich Literatur. Und nicht einmal das.«

Die Geliebte des Königs sucht ihn zu trösten: »Die Liebe trägt dich. Du gibst dich hin und die Angst gibt dich auf. Die Welt ist heil, alles wird neu, die Leere wird zur Fülle.«

Doch der König klagt: »Mich füllen Löcher. Man nagt an mir. Die Löcher werden größer. Sie haben keinen Grund. Wenn ich mich über meine Löcher beuge, werde ich schwindelig.«

Seinen Höhepunkt erreicht Ionescos Drama, da der sterbende König und die anderen, die ihn umstehen, wie in einem Gebet und Wechselgesang die Toten um ihre Hilfe anrufen: »Alle ihr Zahllosen, die ihr gestorben seid, helft mir! Sagt mir, wie ihr es fertig gebracht habt, zu sterben, einverstanden zu sein. Bringt es mir bei! Euer Beispiel soll mich trösten. Ich will mich auf euch stützen wie auf Krükken, wie auf brüderliche Arme. Helft mir, die Schwelle zu überschreiten, die ihr überschritten habt! Kommt einen Augenblick auf diese Seite zurück, um mir zu helfen!«
Der Katholik wird an die Sterbegebete seiner Kirche erinnert, in denen es heißt: »Eilet zu Hilfe, ihr Heiligen Gottes, kommt herbei. Ihr Engel des Herrn, nehmt seine Seele und tragt sie vor das Antlitz des Allerhöchsten.«
Der Mensch wird daran gemessen, wie er über den Tod denkt. Als Jesus von dem Synagogenvorsteher gebeten wurde, seiner toten Tochter die Hand aufzulegen, weicht er der Begegnung mit der Toten nicht aus. Er geht nicht mit, um mit dem Vater zu klagen oder ihn zu trösten. Er sieht den Tod als einen Feind, den es zu überwinden gilt. »Als Jesus in das Haus des Vorstehers kam und die Flötenspieler und die lärmende Menge sah, sprach er: ›Geht hinaus. Das Mädchen ist nicht tot. Es schläft nur.‹ Da verlachten sie ihn.«
Das Flötenspiel und das lärmende Klagen im Sterbezimmer sind nicht Ausdruck der Trauer, sondern eine primitive Angst vor dem Tod, vor der Stille, die von dem Leichnam ausgeht. Der Lärm ist eine Maske der Angst und der Versuch, sie zu übertönen. Jesus hat keinen Sinn für solche Flucht und Illusion und weist die lärmende Menge rücksichtslos aus der Kammer. Dann ging er hinein, nahm das Mädchen bei der Hand und es stand auf.
Das ist völlig ohne Dramatik und Pathos beschrieben und läßt nur eine Deutung zu: im Blick auf Jesus Christus und

im Glauben an ihn ist das Sterben so wenig schrecklich, wie das Einschlafen am Abend nach einem Tag, der uns müde gemacht hat. Der Tod ist der Schlaf, aus dem uns der Herr erwecken wird. Das ist alles. Und doch erfährt, wer daran glaubt, was Jesus erfuhr: den Spott, das Gelächter der vielen: »Da verlachten sie ihn.«

Aber zwischen den Flötenspielern von damals, den Klappern und Trommeln afrikanischer Zaubermänner und der Radiomusik, die uns überall begleitet, ist kein grundsätzlicher Unterschied. Und auch der Spott der Ungläubigen ist Lärm und eine Maske der Angst vor dem Tod.

Darum gilt, was Paulus im Brief an die Philipper schrieb: »Haltet stand im Herrn. Unser Herr Jesus Christus wird unseren armseligen Leib umgestalten und ihn seinem verklärten Leib ähnlich machen mit der Kraft, mit der er sich alles unterwerfen kann. Also, meine inniggeliebten Brüder, haltet stand im Herrn.«